「创造最有价值的阅读」

名 著 阅 读 力 养 成 丛 书

成语故事

◆ 伍员 选编 ◆ 单斌 翁家澎等 绘

浙江文艺出版社
Zhejiang Literature & Art Publishing House

图书在版编目(CIP)数据

成语故事 / 伍员编；单斌，翁家澎等绘．—杭州：浙江文艺出版社，2020.7
（名著阅读力养成丛书）
ISBN 978-7-5339-6158-9

Ⅰ.①成…　Ⅱ.①伍…　②单…　③翁…　Ⅲ.①汉语—成语—故事—少儿读物　Ⅳ.①H136.31-49

中国版本图书馆CIP数据核字（2020）第119860号

责任编辑　邵　劼　周　易
装帧设计　吕翡翠
责任印制　吴春娟

成语故事

伍员 编　单斌　翁家澎等 绘

出版　浙江文艺出版社
地址　杭州市体育场路347号
邮编　310006
网址　www.zjwycbs.cn
经销　浙江省新华书店集团有限公司
制版　杭州天一图文制作有限公司
印刷　杭州杭新印务有限公司
开本　710毫米×1000毫米　1/16
字数　200千字
印张　13
插页　2
版次　2020年7月第1版
印次　2020年7月第1次印刷
书号　ISBN 978-7-5339-6158-9
定价　32.00元

团购电话：0571-85064309

出版说明

阅读不仅关乎个人的素养和语文教育的水平，也关乎整个社会的风尚和文明的品质。从2016年9月起，全国中小学陆续启用了教育部统编语文教材。统编教材特别重视阅读，加强了阅读设计，鼓励学生通过大量阅读来提升语文素养，提高阅读能力和阅读水平。语文学习要建立在广泛的课外阅读的基础上，已经成为越来越多的人的共识。

我社以文学立社，出名著，出精品，几十年来在古典文学、现当代文学、外国文学、儿童文学等领域积累了大量的资源和优秀的版本。从2003年起就陆续推出“语文新课标必读丛书”，为中小学生的名著阅读助力，深受欢迎。随着统编语文教材的使用，我社面向师生做了大量的教材使用调研，多次邀请并集聚读书界、语文教育界、文学界、出版界等领域的专家把脉会诊，群策群力，为中小学生和老师们精心策划、精心编辑，推出了这套“名著阅读力养成丛书”。

这套丛书收录中小学语文课程标准和统编语文教材推荐阅读书目，不仅收录小学“快乐读书吧”和初中“名著导读”中推荐阅读书目，而且配合“1＋X”群文阅读设计，收录课文后要求阅读的作家作品，共计百余种，基本满足中小学生的阅读需要。

该丛书由曹文轩先生担纲主编，延请一线教学名师，对入选的每一部作品编写有针对性的阅读指导方案，介绍作家作品和创作特色，提出合理的阅读建议，引导学生进行专题探究，有意识地拓展学生的阅读视野，有选择性地提供阅读检测与评估办法。这样，有步骤地引领学生完成整本书阅读，了解文学、科普等不同类别作品的阅读方法，了解小说、散文、诗歌、戏剧等不同文体的特征，切实有效地提高学生的阅读水平和阅读能力，同时也给老师的教学实践提供一种参照与借鉴。可以说，这套书不仅强调要读什么，更强调应该怎么读。

该丛书在版本选用上精益求精，精挑细选经典权威版本，囊括一批资深翻译家的经典译本，如傅雷译《名人传》《欧也妮·葛朗台》、力冈译《猎人笔记》、卞之琳译《哈姆雷特》等。对于名家选本，追求代表性，或由该领域权威研究者编选，或由作家自己编选。由于“五四”白话文运动的发轫与推进，中国现代文学作品在语体上有着鲜明的用语特色，我们在编校中参阅相关文献对少量字词和标点做了适当的修改，尽可能地保留作品的原貌。

该丛书在设计上充分考虑阅读的舒适感和青少年的用眼卫生，尽可能地采用大号字体、米黄纸张，做到版面疏密有致、图书轻重得宜等。所有这些，旨在推出一套真正面向学生、服务学生的青少年版丛书。

培根说：“读书足以怡情，足以傅彩，足以长才。”经典名著的影响力是不可估量的，一本好书能够让一个人终身受益。让我们种下阅读的种子，学会阅读，爱上阅读，在阅读中唤起灵性和兴味；让我们在多姿多彩的阅读的花园里，去领略丰美而自由的天地！

浙江文艺出版社

总 序

曹文轩

“新课标”以及根据“新课标”编定的国家统一中小学语文教材，有一个重要的理念：语文学习必须建立在广泛的课外阅读基础之上。

语文学科与其他学科的重要区别是：其他一些学科的学习有可能在课堂上就得以完成，而对于语文学科来说，课堂学习只不过是其中的一部分，甚至不是最重要的一部分；语文学习的完成须有广泛而有深度的课外阅读做保证——如果没有这一保证，语文学习就不可能实现既定目标。我在有关语文教育和语文教学的各种场合，曾不止一次地说过：课堂并非是语文教学的唯一所在，语文课堂的空间并非只是教室；语文课本是一座山头，若要攻克这座山头，就必须调集其他山头的力量。而这里所说的其他山头，就是指广泛的课外阅读。一本一本书就是一座一座山头，这些山头屯兵百万，只有调集这些力量，语文课本这座山头才可被攻克。一旦涉及语文，语文老师眼前的情景永远应当是：一本语文课本，是由若干其他书重重包围着的。一个语文老师倘若只是看到一本语文教材，以为这本语文教材就是语文教学的全部，那么，要让学生从真正意义上学好语文，几乎是没有希望的。有些很有经验的语文老师往往采取一种看似有点极端的做法，用很短的时间一气完成一本语文教材的教学，而将其余时间交给学生，全部用于课外阅读，大概也就是基于这一理念。

关于这一点，经过这些年的教学实践，加之深入的理性论证，语文界已经基本形成共识。现在的问题是：这所谓的课外阅读，究竟阅读什么样的书？又怎样进行阅读？在形成“语文学习必须建立在广泛的课外阅读基础之上”这一共识之后，摆在语文教育专家、语文教师和学生面前的却是这样一个让人感到十分困惑的问题。

有关部门，只能确定基本的阅读方向，大致划定一个阅读框架，对阅读何种作品给出一个关于品质的界定，却是无法细化，开出一份地道的足可以供一个学生大量阅读的大书单来的。若要拿出这样一份大书单，使学生有足够的选择空间，既可以让他们阅读到最值得阅读的作品，又可避免因阅读的高度雷同化而导致知识和思维高度雷同化现象的发生，则需要动用读书界、语文教育界、文学界、出版界等领域和行业的联合力量。一向有着清晰领先的思维、宏大而又科学的出版理念，并有强大行动力的浙江文艺出版社，成功地组织了各领域的力量，在一份本就经过时间考验的书单基础上，邀请一流的专家学者、作家、有丰富教学经验的语文老师、阅读推广人，根据“新课标”所确定的阅读任务、阅读方向和阅读梯度，给出了一份高水准的阅读书单，并已开始按照这一书单有步骤地出版。

这些年，我们国家上上下下沉思阅读与国家民族强盛之关系，国家将阅读的意义上升到从未有过的高度，无数具有高度责任感的阅读推广人四处奔走游说，并引领人们如何阅读，有关阅读的重大意义已日益深入人心。事实上，广大中小学的课外阅读已经形成气候，并开始常态化，所谓“书香校园”已比比皆是。现在的问题是：阅读虽然蔚然成风，但阅读生态却并不理想，甚至很不理想。这个被商业化浪潮反复冲击的世界，阅读自然也难以幸免。那些纯粹出于商业目的的写作、阅读推广以及和各种利益直接挂钩的某些机构的阅读书目推荐，造成了阅读的极大混乱。许多中小学生手头上阅读的图书质量低下，阅读精力的投放与阅读收益严重不成比例。更严重的情况是，一些学生因为阅读了这些质量低下的图书，导致了天然语感被破坏，语文能力非但没有得到提高，还不断下降。如果这种情况大面积发生，我们还在毫无反思、毫无警觉地泛泛谈课外阅读对语文学习之意义，就可能事与愿违了。现实迫切需要有一份质量上乘、定位精准、真正能够匹配语文教材的阅读书目以及这些图书的高质量出版。

我们必须回到“经典”这个概念上来。

我们可能首先要回答“经典”这个词从何而来。

人们发现，这个世界上的书越来越多了，特别是到了今天，图书出版的门槛大大降低，加之出版在技术上的高度现代化，一本书的出版与竹简时代、活字印刷时代的所谓出版相比，其容易程度简直无法形容。书的汪洋大海正席卷这个星球。然而，人们很清楚地看到一个根本无法回避的事实，那就是：每一个人的生命长度都是有限的，我们根本不可能去阅读所有的图书。于是一个问题很久之前就被提出来了：怎么样才能在有限的生命过程中读到最值得读的书？人们聪明地想到了一个办法：将一些人—— 一些读书种子——养起来，让他们专门读书，让读书成为他们的事业和职业，然后由“苦读”的他们转身告诉普通的阅读大众，何为值得将宝贵的生命投入于此的上等图书，何为不值得将生命浪费于此的末流图书或是品质恶劣的图书。通过一代一代人漫长而辛劳的摸索，我们终于把握了那些优秀文字的基本品质。这些被认定的图书又经过时间之流的反复洗涤，穿越岁月的风尘，非但没有留下被岁月腐蚀的痕迹，反而越发光彩、青春焕发。于是，我们称它们为“经典”。

阅读经典是人类找到的一种科学的阅读途径。阅读经典免去了我们生命的虚耗和损伤。我们可以通过对这些图书的阅读，让我们的生命得以充实和扩张。我们在这些文字中逐渐确立了正当的道义观，潜移默化之中培养了高雅的审美情趣，字里行间悲悯情怀的熏陶，使我们不断走向文明，我们的创造力因知识的积累而获得了足够的动力，并因为这些知识的正确性，从而保证了创造力都用在人类的福祉上。阅读这些经典所获得的好处，根本无法说尽。而对于广大的中小学生来说，阅读经典无疑也是提高他们语文能力的明智选择。

这套书，也许不是所有篇章都堪称经典，但它们至少称得上名著，都具有经典性。

2018年7月15日于北京大学

点击名著

提到“成语”，相信大家都不陌生，甚至脱口而出，一口气能说上很多个。当然，这里的“脱口而出”也是一个成语。

那什么是成语呢?

百度百科词条里是这么解释的：成语是中国汉字语言词汇中一部分定型的词组或短句。成语是汉文化的一大特色，有固定的结构形式和固定的说法，表示一定的意义，在语句中是作为一个整体来应用的。成语有很大一部分是从古代相承沿用下来的，在用词方面往往不同于现代汉语，它代表了一个故事或者典故。成语又是一种现成的话，所谓“成语”——众人皆说，成之于语，故为成语。

说白了，成语就是那些约定俗成的有着固定结构的短语——你看，这个“约定俗成”也是一个成语，可见，我们一不留神（又来了）就会用到成语。

成语具有结构的定型性、意义的特定性和完整性，以及在人们语言交往中的长期习用性。从某种意义上来说，成语就像俗语、谚语、歇后语等一样，是我们日常用语中频繁出现的修饰与点缀，如果运用得当，会让我们的语言生辉。

中央电视台曾经有一个栏目《中国成语大会》，该栏目从300位成语高手中，通过游戏晋级的方式，决出一名年度成语冠军。这档节目与央视的《见字如面》《中国诗词大会》《经典咏流传》等节目一起，构成了汉语言文化复兴的一道最美景观。

身为中国人，自然熟知成语，很多老外学习汉语，也把能够说成语当作高水平来炫耀。

然而，对于这些我们耳熟能详的成语，如果只知其然而不知其所以然，显然是不够的。走进成语故事，了解这些成语的来历和出处，是我们这些成语使用者、受益者应当做到的。

阅读建议与指导

◎ 阅读小妙招一：把成语当成故事来读

我们今天所读所用的成语背后大多有一个故事，一般分为“神话传说故事”“寓言故事”“历史故事”等。

例如“沧海桑田”源自晋代葛洪的《神仙传·麻姑》：“麻姑自说云，接待以来，已见东海三为桑田。”这就是神话传说了。

又如“邯郸学步”出自《庄子·秋水》：“子往矣！且子独不闻夫寿陵余子之学行于邯郸与？未得国能，又失其故行矣，直匍匐而归耳。今子不去，将忘子之故，失子之业。”大意是：战国时期，燕国寿陵有个少年听说赵国邯郸人走路的姿势很漂亮，便来到邯郸，学习邯郸人走路，结果不但没有学到赵国人走路的姿势，还把自己原来走路的姿势忘记了，最后只好爬着回去。比喻模仿人不到位，反而把原来自己会的东西忘了。这就是寓言故事了。

其他很多如“完璧归赵”出自《史记·廉颇蔺相如列传》；“破釜沉舟”出自《史记·项羽本纪》；“草木皆兵”出自《晋书·苻坚载记》；

"一箭双雕"出自《北史·长孙晟传》……这些是历史故事。

读成语，知道成语的由来，了解它的故事背景，才不至于误读、错读。很多人在运用成语的过程中，之所以出现用错、写错的情况，就是因为不知道这个成语的来历，自以为是，于是贻笑大方。

◎ 阅读小妙招二：把《成语故事》当成工具书来查

这本《成语故事》里，一共收录了365个成语故事，分别按音序排列，像工具书一样便于查阅。

近四百个成语故事里，大部分是四字成语，也有不少八字成语。除此之外，我们还能看到：三字成语，如"东道主"；五字成语，如"二桃杀三士""疾风知劲草""大事不糊涂""快刀斩乱麻"；六字成语，如"百闻不如一见""风马牛不相及""顾左右而言他""一不做二不休"；七字成语，如"半部论语治天下""多行不义必自毙""不为五斗米折腰"……甚至还有一个最长的十二字成语——"只许州官放火，不许百姓点灯"。

书中不仅简明扼要地介绍了故事，还注明了成语的意思，有些还配了插图，更为直观形象。把这本《成语故事》当作工具书来查阅，也未尝不可。

◎ 阅读小妙招三：玩分类游戏

这么多成语故事，可谓洋洋大观，咱们不必中规中矩地读，可以变着花样读，这样才有趣味。

比如可以表演读——故事都是可以演绎的，表演就是一种方式。

可以问答读——围绕成语故事中的人物以及成语的含义"你问我答"，使自己对故事的理解更透彻。

也可以分类游戏。可以按内容分——神话故事作为一类，寓言故事作为一类，历史故事作为一类；可以按情感色彩分——褒义的作为一类，贬义的作为一类，中性的另作一类；可以按朝代分——故事发生的时期不一，按不同的朝代可以分门别类，这样还可以帮助记忆中国的历史朝代。

◎ 阅读小妙招四：建立人物坐标

以“A”开头的三个成语为例，我们可以做一个表格，看得更加清晰：

成语	朝代	人物	含义
爱屋及乌	西周	周武王 姜太公	因喜爱某人而连带喜爱与他有关的人或物
按兵不动	春秋	赵简子 史默	比喻接受任务不肯行动，也指暂不开展工作。
按图索骥	春秋	伯乐和他的儿子	原指机械地照搬书本知识，不了解事物的本质；现也指依据一定的线索去寻找事物。

这样一张表格罗列出来，一目了然，妈妈再也不会说你不懂成语了。

◎ 阅读小妙招五：学会辨别成语中的“李逵”与“李鬼”

使用成语有时会错用同音字或近义词。这类错误出现的频率非常高，所以，使用成语时要特别注意用字正确。但是，有些广告会故意制造这样的错误，相信这样的现象大家都见过。例如：“默默无蚊”本来应该是“默默无闻”，这是一款驱蚊器的广告词；“终身无汗”本应是“终身无憾”，这当然是一款空调或风扇的广告词。

下面列举的成语是一些商家为了宣传商品，在广告语中对成语进行的特殊使用，你能猜出这是什么广告，并写出正确的成语吗？

步步为“赢”——□

“酒”负盛名——□

天“尝”地“酒”——□

有“杯”无患——□

“鳖”来无恙——□

九“酒”归一——□

“钙”世无双——□

默默无“蚊”——□

“喝喝”有名——□

“鸡”不可失——□

投笔从“融”——□

别具一“革”——□

“穿”流不息——□

“股”往“金”来——□

首屈一“纸”——□

无“胃”不“治”——□

“饮”以为荣——□

别无“锁”求——□

“食”全“食”美——□

“洗”出望外——□

一“网”情深——□

“净”如人意——□

目录

CONTENTS

T

W

Z

爱屋及乌

àiwū jí wū

周武王在攻克商朝都城朝歌、建立周朝后，问军师姜太公：怎样处置商纣王遗留下来的人？姜太公说："我听说，如果爱一个人，就应'兼爱屋上之乌'（连带爱他屋上的乌鸦）；如果恨一个人，同时也应憎恨他的随从家丁。纣王作恶多端，你可以把他的那些部下斩尽杀绝。"武王摇摇头，不赞同姜太公的主张，而根据周公的建议，让那些人回家种田，自谋生路。成语"爱屋及乌"由"兼爱屋上之乌"发展而来。

比喻因喜爱某人而连带喜爱与他有关的人或物。

按兵不动

àn bīng bù dòng

春秋时，晋国执政大夫赵简子准备攻打卫国，先派史墨去卫国了解情况。史墨去了半年后才回来。赵简子问他为什么去这么久？史墨说："为了谋求利益反而得到害处，这样的事不如不干。现在卫国国君很开明，辅佐他的贤才又很多，国家治理得很好。我们不能轻举妄动。"赵简子听了，觉得有理，便"按兵而不动"（止住军队，暂不行动），等待时机。按：止住。

我明白了

原来指掌握力量而暂不行动，以等待时机。现在也比喻接受任务后不肯行动。

按图索骥
àn tú suǒ jì

春秋时，秦国的伯乐很善于鉴别马匹。他把自己识马的知识和经验写成一本书，叫《相马经》。书中图文并茂地介绍了各类马匹。他儿子熟读这本书后，以为学到了父亲的本领，便拿着《相马经》到处去“按图索骥”。有次他见到一只癞蛤蟆，前额刚好与《相马经》上的好马特征相符，便以为找到了一匹千里马，马上跑去告诉父亲。伯乐知道儿子愚蠢，戏谑地回答说：“这匹马太会跳，不好驾驭。”骥：好马。

比喻机械地照搬书本知识，不了解事物的本质。

白驹过隙
bái jū guò xì

宋太祖赵匡胤一次宴请石守信等功臣。当酒喝到差不多时，赵匡胤诉说自己做皇帝后晚上睡觉都不安稳。石守信等人一听赶紧表示自己的忠心。宋太祖又说：“你们虽然没有异心，但你们的部下会因为贪图富贵而拥立你们做皇帝的。”将领们吓得赶紧叩头请罪，要求指点一条出路。宋太祖说：“人生如‘白驹过隙’（人生短促得就像白色骏马在缝隙前飞越而过一样），你们不如多积些钱，到地方上享福去。”于是石守信等都交出了兵权，隐居乡里。

比喻时间迅速流逝。

百感交集

bǎi gǎn jiāo jí

司马炎建立西晋王朝后，内乱不断。慢慢地，北方进入十六国时期，陷入了长期混战。后来匈奴贵族刘聪攻陷洛阳、长安，俘获晋愍帝，消灭了西晋。次年，晋皇族司马睿在建康（今南京）重建晋朝，史称东晋。北方人为避战乱纷纷南迁。原西晋太子洗马（官名）卫玠在南渡长江时，沮丧而又忧伤地对左右的人说："见到这茫茫的江水，不禁使人'百端交集'，谁愿离开自己的家乡呢！""百端交集"现多作"百感交集"。

我明白了

指各种感触交织在一起。

每读到一则成语故事，可以将故事里提及的人物、朝代以及要点圈出来，这样等于提炼重要信息，下次再读，更容易找到重点。

百闻不如一见

bǎi wén bù rú yī jiàn

西汉时，羌人入侵。汉宣帝召集大臣们商量对策，问谁能领兵去抵御。七十六岁的老将赵充国自告奋勇，愿意承担这个任务。当宣帝向他询问用兵方案时，赵充国说："'百闻不如一见'（听一百次还不如亲自去看一次），等我去实地调查后再说。"于是他通过侦察地势和敌情，定下了派兵屯守、对羌人进行分化，并加以各个击破的方案，然后向宣帝汇报。这个方案实施后，羌人就再也猖狂不起来了。

指多闻还不如亲自见到更可靠。

读到这里，可以在一旁写写自己的感受，也可以造个句子，把成语运用到你的语言里去，这个成语才算真正属于你了。

例：读万卷书，行万里路。我们一定要多出去走走，看看这世界，才能离真理更近，因为百闻不如一见嘛。

bǎi zú zhī chóng sǐ ér bù jiāng

百足之虫，死而不僵

三国中的魏国一建立，魏王就广泛征求治国方案，以巩固其统治。有个叫曹冏（jiǒng）的官员劝告魏王要多多招用人才，培植势力，这样才可以在突然的变故面前立于不败之地。曹冏还比喻说：“百足之虫，至死不僵。以扶之者众也。”意思是说：有一百只脚的虫子，死了以后很长时间不会倒下，这是由于支撑它的脚很多。所以魏王也应取得众多的支持者。“百足之虫，至死不僵”现用作“百足之虫，死而不僵”。僵：这里指倒下。

比喻有权势的人或集团即使垮了，也仍然留有势力和影响。

bān mén nòng fǔ

班门弄斧

唐代大诗人李白，死后被埋在采石矶（地名）。以后，无数文人墨客前去凭吊，在他墓上题满了诗句。明朝进士梅之涣见到这一情形后，感到这些题诗的人太不自量力，于是就在这些诗句后面题诗讽刺说：“采石江边一堆土，李白诗名高千古。来来往往一首诗，鲁班门前弄大斧。”意思是说：人们在大诗人李白的墓前题诗，好比是在著名工匠鲁班门前卖弄大斧，实在可笑！

表示谦虚或者自嘲时，可以用这个词。另外，有时，也应该有“班门弄斧”的勇气，向高人请教，收获多多。

我明白了

比喻在行家面前卖弄本领。

bàn bù lún yǔ zhì tiān xià

半部论语治天下

宋朝大臣赵普学问较浅，任宰相后，每天回家都关门读《论语》，第二天处理政事应付自如。人们说他是靠了半部《论语》的学问。宋太宗赵匡义就此事问赵普，赵普直言不讳地说：“就我现在的学识水平来讲，确实没能超出《论语》。以前我靠半部《论语》辅佐太祖（指赵匡胤，赵匡义的哥哥）平定天下；今天我想用半部《论语》辅佐陛下来治理天下。因为《论语》中的话是天下的至理名言。”他死后，人们发现他的箱子里只有一部《论语》!

意为掌握半部《论语》，就能治理国家。

bàng rén mén hù

傍人门户

北宋的苏轼曾写过这样一则寓言：有户人家依照习俗在门上悬挂“桃符”（在桃木板上写上神名），又在大门的横木上挂起“艾人”（用艾蒿扎成人形），以压邪驱毒。一天，桃符抬头对艾人破口大骂：“你这种草包，居然敢在我的上头！”艾人回敬道：“你已半截入土了，还争什么高下！”双方争吵不休。这时一旁的门神调解说：“我们没用，才‘傍人门户’（依附在别人门户上），还有什么空闲来争这口气呢！”

比喻依赖他人，不能自立。

抱薪救火
bào xīn jiù huǒ

战国后期，日益强大的秦国接连攻打魏国。魏王采取退让求和的政策，给秦国占去了许多土地。当秦国再次向魏国出兵，直逼魏都大梁时，魏将段干子劝魏王把南阳（地名）也割让给秦国，以求取和平。谋士苏代劝阻说：把地割让给秦国，就好比“抱薪救火”（拿着柴草去灭火），柴不烧完，火也不会灭。魏国的地不割完，秦国的进犯就不会停止。只有联合别国抗秦才是真正的出路。但魏王不听苏代的劝谏，还是割让了南阳。几十年后，秦国消灭了魏国。

比喻用错误的方法消除灾害，反而使灾害扩大。

杯弓蛇影
bēi gōng shé yǐng

晋代的乐广，一次请一位朋友到家里喝酒。这位朋友端起酒杯正要喝时，隐隐约约看到酒中有蛇。他一阵恶心，但还是勉强把酒喝了下去，结果回家就病倒了。乐广听说后，想到家里墙壁上挂有一张涂漆的角弓，估计所谓杯中蛇，一定是角弓的影子。于是，乐广再请那位朋友来家坐在原来的位置上，请他喝酒，朋友果然又见到蛇影。乐广指着角弓给他看。朋友这下如释重负，病也马上好了。

比喻因疑虑而引起惊恐担忧。

逼上梁山

bī shàng liáng shān

古典小说《水浒传》描写了宋朝末年的一次农民起义。里面许多起义军头领都是被官府逼得走投无路才投奔梁山这个起义军根据地的。有个叫林冲的人，武艺高强，为人正直，原在官府任八十万禁军教头。但当权的高俅父子为了霸占他的妻子，三番几次地陷害他，派人暗杀他。在忍无可忍的情况下，林冲杀死了前来杀他的人。这时他又得知自己的妻子已自杀了，在无路可走的情况下，被迫上了梁山。

我明白了

比喻被迫进行反抗或做某事。

筚路蓝缕

bì lù lán lǚ

春秋时，楚庄王率军攻打郑国，郑襄公急忙派大夫皇戌（xū）去向晋国求援。皇戌对晋军将领们说：“现在的楚军因为打了几次胜仗，骄傲轻敌。如果晋军出击，一定可以打败楚军。”中军副帅先縠（hú）同意出兵攻打楚军。下军副帅栾书反对说：“楚庄王天天用内忧外患告诫人民，又用楚国先君们‘筚路蓝缕，以启山林’（坐柴车、穿破衣去开辟山林）的精神去激励百姓奋发图强。所以他们并没有骄傲自大。”结果晋军在与楚军交战中，果然被楚军击败。筚路：柴车。蓝缕：破衣服。

我明白了

比喻创业艰辛。

这个词平时用得少，所以才有新鲜感。不过你也许不知道它还有下一句吧。下次有人用到它时，我还会用下一个成语来接，那就是“以启山林”。

髀肉复生
bì ròu fù shēng

东汉末年的刘备被曹操击败后，依附荆州刘表，一住就是数年。一天上厕所时，他发现自己的髀肉（大腿里侧的肉）又长得丰满起来了，不禁感叹流泪。回客厅后，刘表惊奇地问起原因。刘备说：“以前我身体不离马鞍，髀肉都已消退。现在长久不骑马，致使这些肉又重新长出来了。光阴似箭，我渐渐老去，而功业无成，叫我怎能不伤心呢！”“髀肉复生”据此而来。

我明白了

比喻久处安逸。

鞭长莫及
biān cháng mò jí

春秋时，楚国大夫申无畏出使齐国，途经宋国时，因没事先借道，被宋人杀了。楚庄王听到这消息很气愤，马上率军攻打宋国。宋国向晋国求援，晋景公决定出兵救宋。大夫（官名）伯宗认为不行。他劝晋景公说：楚国正在强盛时期，我们不能与它争战。俗话说：“虽鞭之长，不及马腹（鞭子虽然长，但不应该打在马腹上）。”因为马腹不是鞭子可打的地方，楚国也不是可以攻打的对象。晋景公于是停止出兵。“鞭长莫及”由“虽鞭之长，不及马腹”演化而来。

我明白了

后来指力量达不到。

biàn shēng zhǒu yè
变生肘腋

东汉末年的刘备娶了东吴孙权的妹妹为妻。孙夫人敏捷刚猛，身边有百余名婢女执刀护卫，使刘备常怀戒备之心，生怕“生变于肘腋之下”（在肘腋这样近的地方发生变乱）。后来刘备听从法正的劝说，占取蜀地，于是任命法正为蜀郡太守。当法正滥用权势、骄横肆行时，有人劝诸葛亮上奏刘备，抑制一下法正的权势。诸葛亮说：刘备能有今天这样的新局面，全亏了法正，怎么抑制得了他呢。“生变于肘腋之下”后简化为“变生肘腋”。肘腋：胳肢窝。

比喻变乱发生在内部或身边。

bié wú cháng wù
别无长物

东晋时的王恭虽然做过前将军、刺史等大官，但生活简朴。一次，他从盛产竹子的会稽回到国都建康。朋友王忱去看望他，见他坐的大竹席非常美观舒适，就说：“你从盛产竹子的地方回来，这样的竹席一定不少，送给我一领吧。”王恭点点头，派人把那领唯一的竹席送去，而自己只好坐在草席上读书吃饭。王忱知道实情后，非常惊讶和抱歉。王恭回答说：“你还不了解我，‘恭作人无长物’（我王恭在生活上没有多余的东西）。”长：多余。

现在常常形容生活穷困，一无所有。

宾至如归

bīn zhì rú guī

春秋时，郑国执政大夫子产出使晋国，被留在简陋的宾馆里，得不到晋平公的接见。子产见宾馆的门太矮小，就吩咐随从把墙门拆掉，让自己满载礼物的马车进去。晋国大夫士文伯见状责怪子产。子产首先解释拆墙门是为了保藏这些献给晋平公的礼物，然后提到以前晋文公对宾客的态度：宾馆豪华宽敞，服务很周到，使宾客们有“宾至如归”的感觉；来宾总是很快能受到接见。晋平公和执政大臣赵文子听说后，认识到了自己的过错，便马上以隆重的礼节接待子产。

我明白了

意为客人到了这里，就像回到自己家中。形容待客殷勤，周到。

兵不血刃

bīng bù xuè rèn

东晋屯骑校尉（官名）郭默因个人恩怨，诬陷并杀害了平南将军刘胤。将领陶侃闻讯上书朝廷，要求讨伐郭默。占据江州的郭默听说英勇善战的陶侃正率军前来，慌作一团，打算撤离。可是江州已被团团围住。叛将宋侯看到大势已去，就抓住郭默，打开城门，向陶侃投降。结果，陶侃“兵不血刃”（兵器上没有沾血）就结束了这场战斗。

我明白了

指未经交锋就取得胜利。

兵不厌诈

bīng bù yàn zhà

东汉时，驻守武都的虞诩（xǔ）带了几千人马到甘肃境内去跟羌人作战。行军路上，他命令士兵们每天增修炉灶，足足修了数万个。有人问他为什么这样做，虞诩说："'兵不厌权'（用兵打仗要善施计谋）。我这样做就是为了迷惑敌人，让他们以为我们天天增加兵员。这样，他们人再多，也不敢来追击我们。"果然，羌人中计，虞诩取得了胜利。"兵不厌权"多用作"兵不厌诈"。

指用兵打仗时不以欺骗为过，要尽可能地采用计谋迷惑敌人。

兵贵神速

bīng guì shén sù

五代十国时的后唐打败了来犯的后梁军队，并俘获将领王彦章。战斗一结束，后唐皇帝李存勖（xù）就召集大臣们商议下一步行动方案。有人主张乘胜攻打后梁都城开封，也有人认为后梁主将段凝的军队还在黄河以北，不应轻易发兵。大将李嗣源认为："兵贵神速"，如果迅速攻打开封，段凝会来不及渡黄河前去援救的。李存勖根据这个意见，带领军队迅速攻占开封，俘获后梁的朝廷官员，段凝也因此率军投降。这样，后唐只用五天时间就一举消灭了后梁！

指用兵贵在行动特别迅速。

病入膏肓

bìng rù gāo huāng

春秋时，晋景公得病。在秦国名医缓到来以前，景公梦见两个小人在谈话。一个说："名医来了，我们该怎么办？"另一个说："我们躲到横膈膜上面、心脏下面的那个部位去，他就对我们没办法了。"名医缓看了病后说："病根已在'肓之上、膏之下'，针灸和药力都及不到啦！"景公一听，很佩服他的高明。不久，晋景公便死去了。"病入膏肓"由此故事概括而来。

形容病势严重、无法医治。亦比喻事态严重，无法挽救。

不寒而栗

bù hán ér lì

西汉武帝时有个叫义纵的官员，凶狠残暴，手段毒辣。后来，他调任定襄太守，上任第一天，就对监狱中二百多犯人加重处罚。同时，他还把前来探监的二百多名犯人的亲友也全部抓起来审讯，给他们安上"替犯人解脱刑具"的罪名，关进监牢。然后，又把这四百多人一同杀死。消息传来，全郡百姓听了"不寒而栗"（身上并不寒冷也发起抖来），人人自危。

形容极其恐惧。

bù qiú shèn jiě
不求甚解

东晋文学家陶渊明自小家境贫寒，全家靠一点微薄的田产维持生计。成年后，他几次外出做官，又因不满于官场的黑暗腐败而几次辞官回家。他不贪求荣华富贵，乐于过清静闲适的田园生活。耕作之余，勤奋读书。陶渊明读书，重点在于把握文章要旨，不刻意于咬文嚼字，自称是“好（hào）读书，不求甚解”。每当读到会心处，他会高兴得把吃饭都忘了。他的人品和诗文为后人所传颂。

指读书只领会精神，不在字句上多花工夫。亦形容只求懂个大概，不求深入理解。

bù rù hǔ xué， yān dé hǔ zǐ
不入虎穴，焉得虎子

东汉时的班超奉朝廷之命出使西域，先到鄯善国商订邦交。这时，匈奴国也派密使来到鄯善对此进行破坏。班超察觉到这个情况后，认为必须消灭掉这些人，并比方说：“不入虎穴，不得虎子。”（不进老虎洞，就得不到小老虎。）当夜他就带了一些壮士，攻入匈奴行营，杀死匈奴密使和随从。第二天，他再去与鄯善国王谈判，终于完成了使命。“不入虎穴，不得虎子”常用作“不入虎穴，焉得虎子”。

比喻只有迎着困难上，才能获得成功。

bù wèi wǔ dǒu mǐ zhé yāo
不为五斗米折腰

东晋诗人陶渊明四十一岁时在江西彭泽当县令。任职才几十天，郡里派了个督邮（官名）来视察。县里的小官吏告诉陶渊明：要穿上官服恭恭敬敬地去迎接督邮。陶渊明认为这是对他的一种侮辱，愤愤地说："吾不能为五斗米折腰，拳拳事乡里小人邪！"（意为：我不能为了这县令的五斗米官俸，就去弯腰侍奉这种无名小辈。）然后辞官回家，到乡里隐居去了。

比喻清高，有骨气。

bù xué wú shù
不学无术

宋代的寇准当上宰相以后，张咏曾经评论他说："寇公是个人才，可惜在学术方面还欠缺一些。"后来两人相会，寇准说："你总该向我提点意见吧。"张咏呆了一下，然后说："《霍光传》不可不读。"寇准不懂他的意思，等他走后，取《汉书·霍光传》来读，读到霍光"不学无术"时，哈哈大笑说："张公批评我的原来是这个！"两个人，一个善于提意见，一个勇于接受意见。寇准经过努力，终于成为一代名臣。

指缺乏学问和本领。

不遗余力（bù yí yú lì）

战国时，秦国攻赵，花了三年时间，才把长平（地名）攻下，要继续进攻就没有力量了，只好撤兵回国，但要赵国献出六座城，作为讲和条件。有个叫楼缓的人从秦国来见赵王，说秦国如何如何强大，劝赵王割城求和。而赵国大臣虞卿则劝阻赵王说：秦国攻打赵国，已“不遗余力”（没有留下任何一点力量），是在打得精疲力竭之后才回去的。所以不应把秦国全力进攻都没能攻下的六座城送给它。

指把所有的力量都使出来，一点不保留。

不自量力（bù zì liàng lì）

春秋时，弱小的息国与较大的郑国相邻。一次两国发生争执，息国国君不仅不承认自己的错误，反而出兵侵略郑国，结果被郑国军队打得大败。当时，有见识的人就认为息国不仅无理，而且还“不量力”（不能正确估量自己的力量），是走在死亡的道路上。果然，没有多久，息国就被楚国灭亡了。

指不能正确估计自己的力量。

才高八斗
cái gāo bā dǒu

南朝宋时的谢灵运出身于东晋大士族，生活豪华，性情狂放。他做官时不爱理政务，常纵情于山水之间，写下了许多优美的山水诗。宋文帝时他被召至京城，任秘书监（官名），成为宋文帝的文学侍从。谢灵运自负地说：如果天下的才共有一石（dàn）的话，那么“曹子建（魏时的曹植）独得八斗，我得一斗，天下共分一斗”。谢灵运后来由于狂放任性，以谋逆罪被充军广州，最后被处死。

比喻人的文才极高。

沧海桑田
cāng hǎi sāng tián

传说东汉仙人王方平在门徒蔡经家见到了仙女麻姑，发现原来是自己的妹妹。她早年在姑余山修行得道，千百年过去了，长得仍如十八九岁的姑娘，头顶盘着发髻，余发垂至腰际，身上的衣服光彩夺目。大家举杯欢宴。麻姑说：“我自从得到天命以来，已经三次见到东海变为桑田。这次去仙山蓬莱，见海水比以前浅了许多，大概又快要变成陆地丘陵了吧！”王方平笑着说：“难怪圣人说海中行路都会扬起灰尘。”

我明白了

指大海变成桑田，桑田变成大海。比喻世事变化很大。

沧海一粟

cāng hǎi yī sù

北宋的苏轼因反对王安石变法，被贬至黄州当团练副使（官名）。黄州靠近赤壁（不是赤壁之战的赤壁），苏轼在第一次游赏赤壁后，写了篇有名的《前赤壁赋》。赋中，苏轼表达了自己对自然和人生的思考。他认为：人生活在永恒的天地间，渺小得如同“沧海一粟”（大海中的一粒小米），生命短促得如同只能活几小时的蜉蝣。所以，一切功名都是空的，连一代雄杰曹操也不免落得死亡的结局。

我明白了

比喻非常渺小。

草菅人命

cǎo jiān rén mìng

秦朝的赵高在做胡亥的老师时，教他如何用酷刑杀人灭族。胡亥即位成秦二世后，滥杀无辜。他杀戮其他公子、公主，处死将领蒙恬、蒙毅，腰斩丞相李斯，活埋修秦始皇墓的民工……“视杀人若艾草菅”（把杀人看得如割草一样），结果导致了秦朝的迅速灭亡。西汉的贾谊在《治安策》一文中分析了胡亥的所作所为后指出：滥用酷刑，有害无益。以此劝谏汉文帝谨慎从事。“草菅人命”由“视杀人若艾草菅”演化而来。草菅：野草。

我明白了

意为把人命看作野草一般。指轻视人命，任意杀戮。

chā qiáng rén yì
差强人意

东汉的吴汉曾因宾客犯法而逃亡至渔阳（地名），以贩马为业，后来投奔光武帝刘秀，屡立战功，被任命为大司马。一次他率军出征，打了败仗。许多将领都惶惶不安，失去常态。刘秀派人去观察吴汉的动静，使者回来禀告说：吴汉斗志昂扬，正在整修武器，激励士气。刘秀感叹说："吴公差强人意。"意思是说：吴汉的所作所为很能振奋人心。差：古义为很、甚。今义为比较、大致。强：振奋。

现在指尚能使人满意。

chái láng dāng dào
豺狼当道

东汉顺帝的大舅子梁冀位居高官，梁家势力布满朝廷。他们贪赃枉法，为所欲为。一次，汉顺帝派了八个特使巡视全国各地，惩办地方上的贪官污吏。其中年纪最轻、官职最低的特使张纲到了洛阳城外，就拆毁自己乘坐的车子，卸下车轮埋在地下，不走了。别人问他原因，他气愤地说："豺狼当路，安问狐狸（豺狼都挡在道路中间，何必去查问狐狸）？"意思是说：梁冀这样的大恶都还在掌权，何必去惩办地方上的小恶。于是上书顺帝，揭发梁冀的罪恶。

比喻坏人当权。

长驱直入

chánɡ qū zhí rù

东汉末年，刘备手下的关羽趁秋水猛涨，引水淹曹操部将曹仁退守的樊城。曹操急忙派大将徐晃前去解救。徐晃首先率军攻打四冢（地名），大败关羽，然后一路追杀，直冲进敌军对曹仁的层层包围圈中，把敌军打得溃败，解救了樊城。曹操闻讯写信慰劳徐晃说："古往今来，还没有一人能像你这样'长驱径入'敌人包围圈、杀敌获胜的。""长驱径入"现作"长驱直入"。

我明白了

指军队以不可阻挡之势快速前进。

城下之盟

chénɡ xià zhī ménɡ

春秋时，楚国派兵攻打绞国，军队驻扎在绞国都城的南门外。绞军顽强守城。楚将屈瑕根据绞国人容易轻举妄动的特点，故意不去保护楚国的砍柴人，引诱绞国军队上山。绞国人果然中计。楚军趁此机会悄悄开到都城北门，阻断了绞军的归路，同时还在山下设下埋伏。楚军两面夹击，把绞国人打得大败，迫使他们订立"城下之盟"（在城下向楚国订立屈辱的盟约），成为楚国的附庸。

我明白了

指在敌人兵临城下的情况下，被迫和敌人签订的屈辱盟约。

成也萧何，败也萧何

chéng yě xiāo hé, bài yě xiāo hé

西汉的萧何是汉高祖刘邦的重要谋臣。他曾向刘邦推荐了善于用兵打仗的韩信做大将军，使之为汉朝的建立立下很大功劳。后来有人向刘邦的妻子吕后告发韩信谋反。吕后想把韩信召进宫来，又怕他不肯就范，就同萧何商议。萧何设计以庆贺平叛胜利为理由，骗韩信进宫。韩信进宫后，就被吕后以谋反罪名杀于长乐宫钟室。民间因此有“成也萧何（韩信成为大将军是萧何推荐上去的），败也萧何（韩信被杀是萧何出的计谋）”的说法。

比喻事情的成败、好坏都由一人造成。

乘风破浪

chéng fēng pò làng

南北朝刘宋时有位叫宗悫（què）的少年，志向远大，胆量过人，还有一身好武艺。十四岁那年，他哥哥结婚。家里人忙着办喜事，一群强盗趁机前来抢劫。宗悫发觉后，独自挺身而出，奋力搏斗，把强盗赶走。叔父看到他智勇过人，问起他的志向。宗悫回答说：“我‘愿乘长风，破万里浪’，干出一番伟大事业来。”他长大后，果然为国南征北战，成了声威卓著的将军。“乘风破浪”由“乘长风，破万里浪”简化而来。

比喻志向远大，不畏艰险，奋勇前进。

乘兴而来

chéng xìng ér lái

东晋的王徽之（王羲之之子，字子猷）住在山阴（地名）时，夜里下起了大雪。他吩咐仆人取来酒，独自酌饮咏诗。雪停后，他环顾四周白皑皑的景色，忽然想念起老朋友戴逵来。可是戴逵远在剡县。王徽之兴致上来，也不管这些，连夜坐船前去拜访。天亮时，终于到达戴逵家门口，他却不进去就返回了。别人很不解，王徽之说："我本来就是'乘兴而来'（趁着一时高兴就来了），兴致尽了就回返。为何一定要见到戴逵呢！"

我明白了

现在常指高高兴兴地来到。

痴人说梦

chī rén shuō mèng

唐朝时，有个叫僧伽的和尚，修行很高，言语行动都与众不同。一次，他到长江、淮河一带游历，由于谈吐举止都很奇特，引起了人们的好奇。有人问他："你姓何？"他回答说："我姓何。"这人又问："何国人？"他又答："何国人。"僧伽死后，李邕为他作碑文，根据他当年的回答，写道："大师姓何，何国人。"这事被后人当成笑话，认为僧伽原来只好比是"对痴人说梦"，而竟有人会信以为真。

后来常用来形容愚昧的人说荒诞的话。

叱咤风云
chì zhà fēng yún

唐朝武则天曾废唐中宗李显为庐陵王，立李旦为帝，自己以皇太后身份临朝执政，后来又自己称帝，改国号为周。她的行为引起很多人不满。开国功臣李勣（jī）的孙子李敬业和杜求仁、唐之奇等发兵讨伐武则天，并请文学家骆宾王写了一篇檄文。骆宾王在檄文里历数武则天的罪状，号召人们起来反对她，其中在形容讨伐队伍的雄壮时写道，“叱咤则风云变色（士兵们的怒喝声能使风云改变颜色）”。这篇檄文很有名，据说武则天都认为它文采卓然，气势不凡呢！

我明白了

形容威力巨大。

出尔反尔
chū ěr fǎn ěr

战国时，邹国与鲁国交战失败。邹穆公向孟子发牢骚说：“我的官员在这次战斗中死了三十三人，老百姓却见死不救，实在太可恶了！”孟子回答说：“遭受饥荒时，你的百姓饿死、逃荒，而你的官吏看着仓库里堆满了粮食、财物也不去救济他们。你们不关心百姓的死活，百姓又怎么会来关心你们呢？‘出乎尔者，反乎尔者也’（你怎么对待别人，别人就怎么对待你）。”“出尔反尔”由此简化而来。

我明白了

现在比喻前后言行自相矛盾，反复无常。

chū lèi bá cuì
出类拔萃

孟子继承孔子的学说，成为战国中期儒家的代表人物。一次，他的学生公孙丑问他："先生，你已经是位圣人了吧？"孟子回答："连孔子都不敢以圣人自居，我怎么能是呢？"于是，公孙丑就问："孔子与古代的圣人有什么不同？"孟子说："麒麟和一般走兽、凤凰和其他飞鸟都是同类，圣人和一般老百姓也是同类，但'出于其类，拔乎其萃'。"意思是说：圣人都远远超出同类中的其他人。"出于其类，拔乎其萃"后来简化为"出类拔萃"。

形容超出众人。

chǔ gōng chǔ dé
楚弓楚得

春秋时的楚共王很喜欢打猎。一次他外出打猎时，不小心把一张心爱的弓给丢失了。随从的大夫们很着急，马上要分头去寻找，但被共王阻止了。共王说："算了吧。我这个楚人遗失的弓，最后还是会被楚人捡得，不会落在外人手里的。所以有什么必要非要把它找到不可呢。"根据他的话，人们创造了成语"楚弓楚得"。

比喻虽有所失而利益不会被外人所得。

垂头丧气
chuí tóu sàng qì

唐朝末年，割据河南的朱温为操纵朝政大权，率军袭击京城长安。宦官韩全诲慌忙带着唐昭宗逃到陕西凤翔李茂贞处。朱温又攻打李茂贞，连连得胜，将凤翔城团团围住。眼看城中粮草已尽，李茂贞被迫同意讲和。这时，韩全诲等人见大势已去，“垂头丧气”（垂着头，意气颓丧）。最后李茂贞交出昭宗，又把韩全诲等人斩首。朱温带了昭宗回长安。

我明白了

形容失意懊丧的样子。

摧枯拉朽
cuī kū lā xiǔ

东晋时，江州刺史王敦阴谋起兵反叛朝廷，派人前去联合梁州刺史甘卓一起行动。甘卓举棋不定，部将们有的劝他与王敦一同举兵，有的让他讨伐王敦，也有的提出见机行事。这时，湘州刺史马司承派来的邓骞（qiān）对甘卓说：“王敦在武昌的兵马不多，你如果前去讨伐，就如‘摧枯拉朽’一般，还有什么好顾虑的呢！”甘卓于是起兵讨伐王敦。可是，王敦派甘卓的侄儿甘印（áng）前来说情后，甘卓又同意息兵。结果最后甘卓自己也被王敦派来的人暗杀了。枯：枯草。朽：烂树。

我明白了

比喻极容易将敌人或事物摧毁。

dà fù pián pián
大腹便便

东汉的边韶，字孝先，以文章出名，有很多学生。一次，他在大白天打瞌睡，学生们编顺口溜开他玩笑："边孝先，腹便便，懒读书，但欲眠。"边韶听了后，立即说："边是姓，孝是字，腹便便，五经笥。但欲眠，思经事……"便便，形容肚子大。笥：箱子。边韶是说：我边孝先的大肚子里，装的都是学问，连睡觉也是在想着做学问的事哩。

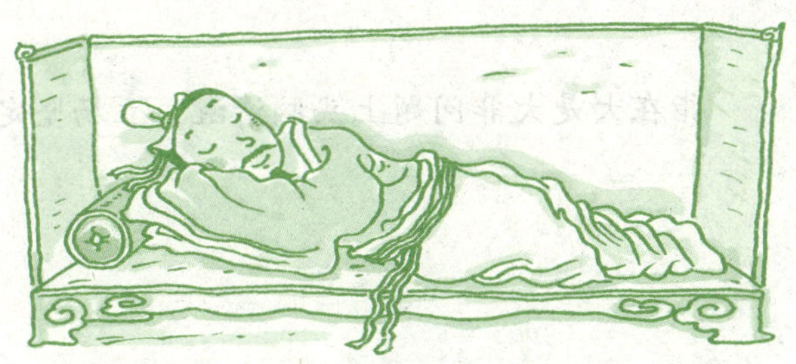

形容肚子肥大突出的样子。

dà qì wǎn chéng
大器晚成

三国时，魏国有个叫崔林的人，年轻时既没成就又没名望，亲朋好友大都看不起他，只有他的堂兄崔琰（yǎn）很器重他。崔琰常对人说："此所谓大器晚成者也，终必远至。"意思是说：有大才能的人需要长时间才能成材，崔林以后一定会成大材的。后来崔林果然做了魏文帝曹丕的司空（官名），并被封为安阳乡侯。崔琰可真是慧眼识英才啊！

比喻有大才能的人要经过长期磨炼，往往成名较晚。

大事不糊涂

dà shì bù hú tú

吕端是宋太宗赵匡义时的大臣。他做事很识大体，看到自己钦佩的寇准被提拔上来担任和自己一样的参知政事（官名）时，就主动要求位居寇准之下。后来，宋太宗想免去吕蒙正的宰相职务，让吕端来担任。有人对太宗说，“吕端为人糊涂，不适合做宰相。”宋太宗却认为：吕端在一些小事情上是有些糊涂，但“大事不糊涂”（在一些大是大非问题上头脑清醒）。于是任命吕端当了宰相。

指在大是大非问题上头脑清醒，立场坚定。

大相径庭

dà xiāng jìng tíng

传说，楚国有个叫接舆的狂人一天对肩吾说：“在遥远的姑射山上住着一位神仙。他不吃五谷杂粮，只吸清风，喝露水，整天乘龙驾雾，在四海之外遨游。他还能使宇宙万物一切按规律正常发展，使农作物得以丰收。”肩吾认为他说的这些狂妄不可信，就回来告诉朋友连叔，并说：“接舆的话越说越离奇，就像天上的银河一样没有边际，与人之常情‘大有径庭’（像门外小路和庭院之间相去很远一样）。”“大相径庭”由“大有径庭”演化而来。径：小路。庭：庭院。

比喻二者之间相差极大，区别明显。

呆若木鸡

dāi ruò mù jī

有个叫纪渻（shěng）子的人为周宣王驯养斗鸡。十天后，宣王问他："鸡驯养成了吗？"纪渻子回答："没有。它现在骄气正盛，虚有其表。"又过了十天，宣王再来询问，纪渻子说："鸡对外界的动静还沉不住气。"再过十天，纪渻子认为鸡的心神还不够稳定。直到最后，这只鸡听到别的鸡鸣叫时，镇定自若，"望之似木鸡"（看上去跟木头雕成的鸡一样），纪渻子才认为训练得差不多了。果然，斗鸡场上，其他的斗鸡见了它都掉头逃走！成语"呆若木鸡"由此而来。

现在比喻呆笨或因恐惧、惊讶而发愣的样子。

代人捉刀

dài rén zhuō dāo

东汉末年的曹操一次要接见匈奴使者。他感到自己形象不佳，就让手下的崔琰做替身。当眉目疏朗、须长四尺的崔琰威严地坐在堂上时，曹操自己则扮作卫士，"捉刀"（握刀）站在一旁。会见结束，曹操派人探问匈奴使者："你看曹操怎么样？"对方回答："曹操的容貌是不一般，但旁边那个捉刀人却是真正的英雄。"曹操一听，赶紧派人追杀匈奴使者。

现在比喻代别人做事（多指写文章）。

dào xǐ xiāng yíng 倒屣相迎

东汉末年的左中郎将（官名）蔡邕博学多能，名声显赫，家里常常宾客盈门，客人的车马把住所前的巷子都堵塞住了。有个叫王粲的青年文才出众，尤善写诗。蔡邕很钦佩他的才华。一次听说王粲前来拜访，蔡邕急忙出门，“倒屣迎之”（匆忙中穿倒了鞋去迎接王粲）。其他客人见进来的王粲年纪既轻、身材也短小，都奇怪蔡邕怎么会对他如此热情。蔡邕介绍说：“他才华出众，比我强。”“倒屣迎之”现在写为“倒屣相迎”。

形容热情迎客。

dào xíng nì shī 倒行逆施

春秋时的楚平王杀了伍子胥的父亲和兄长。伍子胥孤身一人逃出楚国，千辛万苦来到吴国。十年后，他带领吴国军队去打楚国，攻下了楚国都城。这时，楚平王已经死去，但伍子胥为了报杀父杀兄之仇，命人掘开楚平王的墓，在他的尸体上鞭打了三百下。正在山中的朋友申包胥派人来责备他。伍子胥回答说：“我仿佛是一个行路的人，天已经晚了，而路途还很远，所以只好‘倒行而逆施之’（做些违背常理的事了）。”

我明白了

指做事违反常理。后多指违背社会正义与时代进步的罪恶行径。

得陇望蜀 (dé lǒng wàng shǔ)

汉光武帝刘秀有位叫岑彭的大将，曾做过新莽政权的县官，归附刘秀后，打了不少胜仗。东汉初年，隗（wěi）嚣和公孙述分别割据陇、蜀两地。岑彭跟随刘秀打下陇的天水后，把隗嚣围困在西城，并把公孙述的增援部队包围在上邽（地名）。这时刘秀因事要回洛阳，行前给岑彭写了封信。信中说："人总是不会知足的，我也是'既平陇，复望蜀'。你们在攻下陇的西城和上邽后，就可以去攻打蜀地了。"

后来常常比喻贪得无厌。

得意忘形 (dé yì wàng xíng)

魏晋时的名士阮籍，是著名的"竹林七贤"之一。他学问广博，尤其喜欢老庄哲学，为人豪放不羁，爱弹琴，好喝酒，常常一醉方休。面对人与人之间争权夺利、互相倾轧（yà）残杀的现实，他采取了一种消极的反抗态度：有时在家读书，数月不出门；有时外出游玩，数日不回家。"当其得意，忽忘形骸"（当合乎自己心意、自以为欢乐的时候，他就尽情享受，高兴得竟连自己是个什么样子都忘记了）。

现在比喻高兴得失去常态。

dōng dào zhǔ
东道主

春秋时，晋国公子重耳逃亡到郑国，被拒绝入城。后来他成了晋国国君，就约合秦国共同伐郑。郑国派大臣烛之武前去劝说秦国退兵。烛之武对秦穆公说：郑国在晋国的东面，秦国在晋国的西面。郑国灭亡，只会增强晋国的力量，从而威胁秦国。如果秦国能放弃对郑国的进攻，郑国就可以成为以后秦国向东进军路上的“东道主”（东面道路上的主人），供应一切所需物资。秦穆公认为有理，便同郑国订立和约，派三位将军领兵保护郑国，自己率军回国。

我明白了

泛指招待客人的主人。

dōng shī xiào pín
东施效颦

春秋时，越国美女西施因为心痛，便按住胸口，皱着眉头走路。邻居有个长得很丑的女人，名叫东施。她看见西施这副样子很好看，便也就学着按住胸口、皱起眉头走路，以为这样一来自己一定也很好看了，实际上反而显得更丑，搞得人们一见她就逃。根据这故事，人们创造了成语“东施效颦”。颦：皱眉。

我明白了

后来用以比喻不顾客观条件、盲目模仿，反而出丑。

对牛弹琴
duì niú tán qín

东汉有个对佛教教义很有研究的学者，叫牟融。他引用儒家的诗书向儒者宣讲佛经，受到了一些儒者的责难，指斥他为什么不直接依据佛经来回答问题。于是牟融讲了音乐家公明仪的故事：公明仪对着一头正在吃草的牛弹了一首高深的曲子，牛毫不理会，只顾自己吃草。后来公明仪改弹像蚊子、牛蝇和小牛叫唤的声音，牛就摇着尾巴、竖起耳朵来听了。他最后说：所以，对没有读过佛经的人直接谈佛经，等于白讲。成语“对牛弹琴”据此而来。

比喻说话不看对象，或对愚蠢的人讲深奥的道理。

多多益善
duō duō yì shàn

汉高祖刘邦做了皇帝以后，不但解除了大将韩信的兵权，还把他的封爵从王降为侯。一次，刘邦与他谈论各个将领的本领，问他：“像我这样的人能带多少兵？”韩信说：“不过十万人。”刘邦又问：“那么你呢？”韩信说：“我带兵是‘多多而益善’（越多越好）！”刘邦笑着说：“既然你本领比我大，怎么被我制伏了？”韩信说：“你不会带兵，但善于统率将领。”

意为越多越好。

duō xíng bù yì bì zì bì
多行不义必自毙

春秋时的郑武公死后，长子庄公继位。他弟弟共叔段阴谋篡位，在自己的封地上招兵买马。大臣们对此深感不安。大夫祭（zhài）仲劝谏郑庄公应及早除掉共叔段，以绝后患。庄公回答说："'多行不义必自毙'（坏事干多的人一定会自取灭亡的），你等着瞧吧！"果然，共叔段愈演愈烈，在不断扩充自己的势力后，准备进攻国都。郑庄公看到时机已成熟，就出兵攻打共叔段，把他赶跑。

比喻坏事做多了必然自取灭亡。

duō duō guài shì
咄咄怪事

东晋的殷浩，曾任扬州刺史，后来又为建武将军，指挥扬、豫、徐、兖（yǎn）、青五州的军队，进军中原，但常吃败仗。朝廷中权势很盛的桓（huán）温乘机在皇帝面前中（zhòng）伤他，使他因此被撤职。罢官后，他整天用手向空中写字。别人暗中观察他，发现他写来写去，只是"咄咄怪事"四个字而已，可见他对自己被罢官的惊讶和愤懑（mèn）。

形容令人惊讶的怪事。

ěr yú wǒ zhà
尔虞我诈

春秋时，楚庄王率领军队攻打宋国，在久攻不下后，决定撤军。这时，替庄王驾车的申叔时建议说：“我们如果在宋国的土地上建房、种田，表示要长久驻扎下去，宋国肯定会屈服的。”宋国得知楚军的动态后，派大臣华元前去告诉楚军主将子反：“虽然我们已到了吃孩子充饥、拿人骨头当柴烧的地步，但绝不会听命于你们的！”最后，两国签订了盟约。盟约中写到：楚军后退三十里，两国和平相处，“我无尔诈，尔无我虞”（两国保证互不欺骗）。“尔虞我诈”由此演化而来。诈、虞：欺骗。

形容互相欺骗。

èr táo shā sān shì
二桃杀三士

春秋时，齐国国君齐景公手下有三个勇士：公孙接、田开疆、古冶子。由于他们勇力过人，武艺超群，相国晏婴怕他们一旦叛乱，就无人可敌，会危害国家，因此想除掉他们。他用了个计策：请齐景公送两个桃子给这三个壮士，叫他们论功吃桃。结果，这三壮士先是争相为自己评功摆好，抢这二桃，后来又因感到耻辱而都弃桃自杀。晏婴便这样轻松地用二桃杀了三士。

比喻使用阴谋手段借刀杀人。

fāng cùn yǐ luàn
方寸已乱

东汉末年，刘备因兵败暂时投靠荆州刘表。他听说徐庶（shù）很有谋略，便请来做自己的谋士。不久，曹操进攻荆州，刘表病死，刘备向南败走。这时曹操抓了徐庶的母亲。徐庶为营救母亲，不得不向刘备辞别，去见曹操。临行前，他指着自己的心胸对刘备说：他本想同将军共同努力，以建霸业，只是因为他的老母亲被抓，“方寸乱矣”（心里乱得很），所以只好告辞了。徐庶还向刘备推荐了诸葛亮。方寸：指心。

我明白了

指心绪已被扰乱。

fàng hǔ guī shān
放虎归山

东汉末年，刘备被吕布击败，被迫投奔曹操。曹操的谋士程昱（yù）看刘备是个英雄，主张趁机杀掉他，免得留下后患。曹操不听。当吕布被曹操消灭后，刘备借口截击袁术，率几万军队离开了曹操。程昱闻讯劝阻曹操说：“当初我就让你杀他，你不肯。现在又给他兵马，让他单独出征。这就好比‘纵虎归山’（放老虎回山林）啊！”果然，刘备在击败袁术后，就占据徐州，自立门户了。“纵虎归山”现写成“放虎归山”。

我明白了

比喻放走敌人，留下后患。

fēng mǎ niú bù xiāng jí
风马牛不相及

春秋时，齐国国君齐桓公率领八个诸侯国的军队打败蔡国后，又继续南下，攻打楚国。齐楚两国相距很远。因此，楚王派使者对齐桓公说："你们住在北方，我们住在南方，'风马牛不相及'（就是马牛走失，也不会跑到对方境内）。而你现在却要领兵来攻打我国，这是什么道理？"这时，齐桓公手下的大臣管仲强词夺理地说："因为你们楚国长期不向周王朝献礼物，而周昭王又是被你们楚国的河水淹死的。"但都遭到了楚王使者的驳斥。风，走失的意思。

比喻事物之间毫不相干。

fēng shēng hè lì
风声鹤唳

前秦国王苻（fú）坚带兵侵犯东晋，遭到东晋军队的迎头痛击而失利。他在寿阳城上看到晋军布阵严整，十分威武，又远望八公山，把上面的草木都看成了晋兵，心里非常害怕。在指挥军队后退时，他本人也中箭逃跑，一路上听到"风声鹤唳"（风声和鹤的叫声），都以为是晋兵追来了，惊恐万分。唳：鸟鸣。

形容极度惊慌疑惧。

覆巢无完卵
fù cháo wú wán luǎn

东汉末年，曹操下令出兵五十万，前去攻打驻扎在新野的刘备军队。中史大夫孔融反对说：“以不仁义的军队去攻伐仁义之师，能不失败吗？”曹操听后，想到孔融平时也常反对、讥讽自己，就命人把他抓起来。孔融要求一人做事一人当，不要抓他的两个儿子。但他的儿子从容不迫地说：“覆巢之下，岂有完卵乎？”（意为：鸟窝被捣翻了，鸟蛋还能完好无损吗？）不久，孔融的两个儿子也被抓了起来，全家被杀。

比喻整体被毁，个体不能幸存。

负荆请罪
fù jīng qǐng zuì

战国时，赵国的蔺相如多次立功，被封为大官，官位高过了大将军廉颇。久经沙场、多次为国出生入死的廉颇很不服气，扬言要当众侮辱蔺相如。蔺相如知道后，处处回避廉颇，并向那些替自己抱不平的人解释说：“想当年秦王那样威风，我还敢当众呵斥他。现在我这样做并不是怕廉颇，而是为国家的安危着想。如果我和他斗气，就会给敌国以可乘之机。”廉颇听到这些话后，十分惭愧，就打着赤膊，“负荆”（背着荆条），亲自上门请罪。

比喻向人承认错误，诚恳认罪。

高屋建瓴
gāo wū jiàn líng

汉高祖刘邦刚做皇帝不久，有人向他报告说楚王韩信谋反。刘邦根据陈平的计策，借会见诸侯的机会，撤了韩信的楚王封号，把他降为淮阴侯。当时，有个叫田肯的大臣恭维刘邦说："现在皇上的宝座很稳固了：处置了韩信，又据有关中这样一块重要地方……关中地势居高临下，从这里出兵各处，就像'居高屋之上建瓴水'（从高屋脊上向下倒水）一样，不可阻遏（è）。""高屋建瓴"据此而来。建：倒水。瓴：盛水的瓶子。

比喻居高临下，不可阻遏的形势。

高枕无忧
gāo zhěn wú yōu

战国时，齐相国孟尝君门下有个食客叫冯驩（huān）。一次，他为孟尝君去薛地讨债，不但没把钱讨回来，反而当众烧毁债券，使人们对孟尝君产生了感激之情。不久，孟尝君被齐王罢官回薛地，受到百姓热烈欢迎。冯驩又去梁国，游说梁惠王用重金聘孟尝君为相国。齐王听说后，用更重的礼节请孟尝君仍做齐国的相国。这时冯驩对孟尝君说："现在你没什么可担忧的了，可以枕头垫得高高地放心睡大觉了。"

比喻太平无事，无忧无虑。

gē xí fēn zuò
割席分坐

三国时，魏国的管宁和华歆（huà xīn）虽为同窗朋友，但性格却相反：管宁对荣华富贵不感兴趣，一心钻研学问；华歆却羡慕权势，不愿读书。一次，他们在一起锄地，翻出一块金子。华歆见财心喜，管宁却无动于衷。又有一次，一个大官坐着华丽的车子路过，华歆赶紧扔下书本出去看，回来后夸个不停。正在全神贯注看书的管宁越听越厌恶，抽出刀来，“割席分坐”（把两人同坐的席子割成两半，使两人分开坐），表示同华歆断绝朋友关系。

比喻朋友绝交。

gōng bài chuí chéng
功败垂成

东晋的谢玄曾以八万训练有素的军队打败前秦苻坚的所谓百万大军。为了统一北方，谢玄又率军北伐，收复了徐、兖、青、司、梁、豫六州，直至河北。眼看胜利在望，晋孝武帝的兄弟司马道子因妒忌谢玄的功业，借口出征太久，要他撤兵回淮阴。谢玄在归途中患了疾病，不久病死，年仅四十六岁。《晋书》中因此叹息谢玄“降龄何促，功败垂成”（上天降临给他的寿命为什么会这么短促，竟在北伐大功将要告成之时失败了）。垂：将要。

指事情在将要成功时遭到了失败。

gǒu wěi xù diāo
狗尾续貂

西晋时，宣帝的儿子司马伦和大臣孙秀等合谋篡权。阴谋得逞以后，他们的所有同伙都被加官晋爵，连司马伦家中的奴仆差卒都受到封赐。当时王公大臣都戴着用珍贵的貂尾装饰的帽子，由于司马伦封官太滥，所以貂尾都不够用了，只好用狗尾代替。人们讽刺说：“貂不足，狗尾续。”

原来指官爵太滥。现在常常比喻以坏续好，前后不相称。

gū wàng yán zhī
姑妄言之

宋代的苏轼在黄州和岭南任职时，每天一早起来就找人聊天。他喜欢与各类人谈话，根据对方特点选择话题使气氛轻松活泼。当人家没什么可谈时，苏轼就让他讲鬼怪故事。对方推辞说鬼怪并不存在，苏轼就说：“姑妄言之（姑且随便说说）。”于是大家都为精彩的鬼怪故事所吸引，在笑声中散去。苏轼只要一天没有谈话的客人，就会像生病一样郁郁寡欢。

意为随便说说，内容不一定可靠。

顾左右而言他

gù zuǒ yòu ér yán tā

孟子有一次对齐宣王说："有一个人因为要到楚国去，把他的妻儿托付给朋友照顾，回来时知道自己的妻儿一直在受冻挨饿。你说他该如何对待那位朋友？"齐宣王答："与他绝交！"孟子又说："有位执法官，却连自己的部下也管不了，又该怎么办？"宣王说："撤他的职！"孟子接着说："国家政事败乱，人民不能安居乐业，怎么办？"这下触到了齐宣王的要害，宣王只得"顾左右而言他"（望着两旁站立的随从，故意把话题扯到别处去了）。

指因为无言以对，故意避开本题。

刮目相看

guā mù xiāng kàn

三国时，吴国大将吕蒙文化水平较低。一次，吴主孙权对吕蒙说："你现在当权掌管国家大事了，应当多读点书。"吕蒙推说军中事多，没工夫读。孙权反问说："难道你的事比我的还多吗？我经常读点书，收获很大。"吕蒙从此开始读书，进步很快。后来鲁肃见到他，惊奇地发现他已今非昔比了。吕蒙说："一个人离别三天，是应该'刮目相待'的。""刮目相待"现在用作"刮目相看"。

比喻改变旧看法，用新眼光看人。

骇人听闻
hài rén tīng wén

隋炀帝杨广时，著作郎（官名）王劭常用一些荒诞言论取悦皇帝。他曾谎报说：有人抓了一只乌龟，它的腹部有“天下杨兴”四个字，预示着杨家江山兴旺长久。当皇后死时，王劭又说：皇后原是菩萨转生，她现在只是回到天上去……他这些“骇人视听”的奇谈怪论虽然遭到有识之士的鄙弃，却得到杨广的欢心。这样，王劭在著作郎的位置上坐了将近二十年。“骇人视听”现写为“骇人听闻”。

意为使人听了极为震惊。

邯郸学步
hán dān xué bù

相传战国时赵国国都邯郸人走路特别好看，很受外地人的赞美，使得许多人都跑来学样。燕国寿陵地方一个少年，特地跑到邯郸来学习邯郸人走路。他用尽力气模仿，不料一段时间下来，不但学不了邯郸人的步法，反而连自己原来的步法也忘记了，最后只好狼狈地爬着回去。

比喻模仿别人不成，反而把自己原有的技能也忘掉了。

汗马功劳

hàn mǎ gōng láo

刘邦在打败项羽、登上皇帝宝座时，按功劳大小封赏手下的大臣。他认为萧何的功劳最大，就首先封他为酂侯。其他功臣不服，说："我们身经百战，出生入死。而萧何'未有汗马之劳'（没在战场上立过功），只是靠舞文弄墨发发议论，封赏却在我们之上，这是为什么？"于是，刘邦向他们解释了萧何作为自己的重要谋臣和得力助手的作用，大家也就不再说什么了。"汗马之劳"现在用作"汗马功劳"。汗马：将士们打仗时战马奔驰出汗。

原来指立下战功，现在也指在其他方面立下功劳。

沆瀣一气

hàng xiè yī qì

唐僖宗时，有个叫崔沆的主考官，录取了一名叫崔瀣的考生。由于两人都姓崔，而他们的单名"沆"和"瀣"连在一起，又恰恰是表示夜间水气的"沆瀣"两字，于是有人就开玩笑说他们是"沆瀣一气"。

比喻彼此气味相投。

好好先生

东汉末的司马徽，与人说话总是说好。一次，有个朋友伤心地告诉他："我儿子昨天病死了。"司马徽也回答："好。"妻子责怪他："人家死了儿子，你应予以安慰，怎么能说'好'呢！"他说："你说的话也好。"人们因此称司马徽为"好好先生"。

比喻是非不分、不敢得罪任何人的人。

河东狮吼

宋代苏东坡被贬黄州时，结交了一位名叫陈慥（zào）的朋友。他信仰佛教，自称龙邱先生，但又喜欢在家里养些歌伎。陈慥常请朋友们到家里谈论佛经，直至深更半夜。这时，他那凶悍嫉妒的妻子柳氏会在隔壁怒吼耍威，使客人们不欢而散。苏东坡为此写了首开玩笑的诗，诗中有"忽闻河东狮子吼"之句。河东：河东郡，姓柳的人大多出自该郡，这里指柳氏。狮子吼：原为佛家比喻威严，这里指柳氏发怒。

比喻妻子好嫉妒又厉害。亦嘲笑丈夫怕老婆。

涸辙之鲋

hé zhé zhī fù

战国时，宋国人庄子很穷。一次他去向监河侯借粮，监河侯说：“等我年底收了租税就借给你三百金，行吗？”庄子幽默地回答：“昨天我在一条干涸的车辙中，看到一条快死的鲋鱼在呼救。我对它说：‘等我去南方游说吴越两国国王，然后引西江之水来救你，行吗？’鲋鱼听后大怒说：‘我失水快要干渴死了，只要能得到一斗一升的水便能活命。照你这样讲，还不如到鱼干店里去找我！’”成语“涸辙之鲋”由该故事概括而来。

比喻陷于困境亟待援助的人。

鸿鹄之志

hóng hú zhī zhì

陈胜是秦末农民起义领袖之一。他年轻时曾被别人雇用耕田。一天，他在耕作休息时，对社会的不公平现象越想越气愤，就对其他雇农说：“如果我们之中以后谁富贵了，不要忘记大家。”大家一听笑了起来，说：“你还在替人耕田，哪来的什么富贵？”陈胜不禁叹息说：“唉，燕雀怎么能知道‘鸿鹄之志’呢？”鸿鹄：天鹅。

比喻远大志向。

hòu gù zhī yōu

后顾之忧

南北朝时，北魏的孝文帝幼年即位，由太后临朝执政，尚书仆射（官名）李冲辅政。李冲设置了邻里制，又颁行新的租制，限制贪污，增加国库收入。他还主持营建洛阳新都。这些深得太后和孝文帝的赏识。孝文帝领兵出征时，就放心地把朝中事务托给李冲，李冲总是处理得很好。李冲病死时，孝文帝十分悲痛，对群臣说：李冲在时，他即便出征在外，也无“后顾之忧”。

我明白了

指在前进过程中，担心后方发生问题。

hòu lái jū shàng

后来居上

西汉时的汲黯（jí àn）当上大官的时候，公孙弘和张汤都还是小官，汲黯很看不起他们。后来，公孙弘被汉武帝封为丞相，张汤也做了御史大夫，连汲黯的一些部下也被提拔上来，有的甚至超过了他。汲黯对此很不服气，就向汉武帝发牢骚说：“皇上用人好像堆积木柴，‘后来者居上’（后来的总是放在上面）。”汉武帝没有理睬他的意见。

原来指资格浅的人反而居资格老的人之上，现在常用来称赞后起之秀超过前辈。

hú jiǎ hǔ wēi
狐假虎威

战国时，北方人都很惧怕楚国大将昭奚恤（xù）。楚宣王对此感到不解。一位大臣用一个寓言故事向他解释说：一只老虎要吃一只狐狸，狐狸说："你不敢吃我，我是天帝派来做百兽之王的。你不信，就跟在我后面走，可以看到其他野兽见到我没有不怕的。"老虎按狐狸的话去做，果然看到各种动物纷纷逃走。老虎以为它们真的怕狐狸，却不知怕的是狐狸后面的自己。同样，北方人怕的也并不是昭奚恤，而是他指挥的楚国强大的军队。

比喻假借别人的威势吓唬人。

huá ér bù shí
华而不实

春秋时，晋国大臣阳处父出使卫国，回国途中在一个旅店过夜。旅店老板宁嬴见阳处父相貌堂堂，觉得是一个大有前途的人，便决定跟随他去。两人一边赶路，一边交谈。渐渐地，宁嬴发现了阳处父许多缺点，于是马上离开他回店。宁嬴的妻子感到很奇怪，宁嬴解释说："这人'华而不实'，别人都怨恨他，跟随他不会有好下场。"一年后，阳处父果然被人所杀。

原来指光开花不结果实。后常用来比喻外表好看、内里空虚，或好大喜功、不求实际。

huà lóng diǎn jīng
画龙点睛

南北朝时的梁代有个叫张僧繇（yóu）的画家，有次在一所寺庙的墙壁上画了四条龙，非常逼真，但都没有眼睛。人们看了很奇怪，问他为什么。他回答说："如果画上了眼睛，它们会马上飞走。"大家都说他吹牛，要他画上试试看。于是他给两条龙点上眼睛。不一会儿，但见雷电交加，墙壁破裂，两条点有眼睛的龙腾云飞上天，剩下两条没点眼睛的龙还留在墙壁上。

比喻写文章或讲话时，在关键处用一两句话使内容突然生动有力。

huà shé tiān zú
画蛇添足

战国时，楚国一座祠庙的主人，送给看守庙宇的几个人一壶酒。人多酒少，很难分配。于是有人提议来个画蛇比赛。谁先画好，谁就先喝这壶酒。大家在地上画蛇。第一个把蛇画好的人，看见其他人都还在画，便左手拿过酒壶，右手提着画笔，说："我还要替蛇画几只脚呢！"正当他画蛇脚的时候，另外一人已把蛇画好，夺过他手中的酒壶说："蛇是没有脚的，你怎么替它添脚呢？"说罢，张口便把酒喝了。

比喻做事多此一举，反而坏事。

huī hàn chéng yǔ
挥汗成雨

春秋时的齐国大臣晏婴长得很矮小。一次他出使楚国，楚王因看不起齐国，想趁机侮辱晏婴，就让他从小门进来。晏婴说："只有到狗国去才会从狭小的狗门进，我今天是到堂堂的楚国来，怎么能从狗门进呢？"楚王气得说不出话来，只得打开大门请他进来。但他还想奚落晏婴，说："你们齐国是不是没有人了，怎么派你这样的人来？"晏婴回答说："我们齐国人口众多，路上行人摩肩接踵（zhǒng），'挥汗成雨'（人人挥汗就如雨下），怎么能说没有人呢？"

形容人多。

huì mò rú shēn
讳莫如深

春秋时的鲁庄公想让子般继承自己的君位。为此，他让人杀死了想让庆父继位的弟弟叔牙。庄公病死后，他的另一个弟弟季友扶助子般继承君位。庆父派人杀死子般，另立公子开为国君，叫闵公。可是闵公做国君还不到一年，又被庆父派人杀死，庆父自己则逃往齐国。《春秋》在记载这件事时，因事件重大，"讳莫如深"，只是简单写道："子般死后，庆父到了齐国"。

原意为事件重大，讳而不言。后用来比喻把事情瞒得很紧。

火中取栗

huǒ zhōng qǔ lì

寓言故事：一只猴子在找食吃时，发现火盆里有几个栗子，已被火烧得裂开了皮，香气扑鼻，但有火不好拿。于是猴子就用激将法说小猫是胆小鬼。小猫为了证明自己胆大，把爪子伸到火里去取栗子。猫的爪子一碰上火，爪上的毛就被烧掉，痛得它大声叫唤，急忙将栗子甩掉。而一旁的猴子趁机捡起栗子就吃。

比喻替别人冒险吃苦，自己得不到好处。

祸起萧墙

huò qǐ xiāo qiáng

春秋时，大夫季康子执掌了鲁国大权。他担心鲁的附庸国颛臾(zhuān yú)会帮助鲁哀公来收回自己的权力，就先发制人，率军攻伐颛臾。孔子的弟子冉有、季路听到这消息后，马上跑来告诉孔子。孔子说："季康子担忧的并不是颛臾，而在'萧墙之内'(鲁国内部)。"成语"祸起萧墙"由此发展而来。萧墙：照壁，古代宫室内遮挡门外视线的小墙，比喻内部。

意为祸害发生在内部。

jī bù kě shī
机不可失

唐朝初年，北方的东突厥出动骑兵，不断骚扰唐朝北部边境，给人民的生命财产造成极大的损失，并威胁着国都长安的安全。朝廷大将李靖和李勣奉命率兵出击，打得东突厥军队仓皇退逃。其首领颉(jié)利可汗（kè hán）为了获得喘息的机会，假装向唐太宗求和。唐太宗同意了，并派使臣去抚慰其军队。这时，李靖认为“机不可失”，应趁此良机一举消灭颉利可汗，于是亲自率领一万骑兵奔袭东突厥兵营地，打得毫无防备的敌军四处乱逃，并俘获了颉利可汗。

指机会不可错过。

jī míng gǒu dào
鸡鸣狗盗

战国时，齐国的孟尝君田文在秦国被秦昭王囚禁了起来，有被杀掉的危险。在这危难时刻，他手下有个门客在夜里学着狗叫，爬进秦宫中的衣库，偷回了孟尝君送给秦昭王的裘皮袍子，转送给昭王的宠妃。这位宠妃因此劝说秦昭王释放了孟尝君。在孟尝君逃回齐国的路上，途经函谷关时，关门还没有开。孟尝君手下又有一个门客装起了鸡叫。守关的人听到鸡叫，便打开关门，孟尝君一行得以逃脱。

后来常常用来比喻卑微的技能。

jí liú yǒng tuì

急流勇退

宋代的钱若水在参加科举考试前，曾到华山拜见道士陈抟(tuán)，希望他能收自己为弟子。陈抟想接纳他又迟疑不决，就请一位老道士来做决定。第二天，钱若水来见正与陈抟一道围着地炉坐的老道。老道仔细观察了钱若水后，认为他不适宜修道，而是个能在“急流中勇退”（在急流中果敢地回舟退出）的人。钱若水只得告辞回家，后来考中进士，官至枢密使。但他在四十岁正得意时便辞官退休了，果然是在“急流中勇退”。

我明白了

比喻在做官得意或事情顺利时及时引退，免致祸患。

jí fēng zhī jìng cǎo

疾风知劲草

刘秀在建立东汉王朝前，途经颍川时，青年王霸和其他朋友一起前来投靠，帮他打了许多胜仗。后来刘秀的军队进入河北，战事不顺利，不少人逃离了队伍，只有王霸一如既往地跟随刘秀东征西战。刘秀感动地对王霸说：从颍川跟随我的人当中，只剩你还留着，真是“疾风知劲草”（在猛烈的大风中，只有坚韧的草才不会被吹倒）啊。

比喻在严峻考验中才能显示出谁是最坚强者。

jì wǎng bù jiù
既往不咎

唐高祖李渊建立唐朝后，国内还有些封建割据势力。大将李靖奉命前去进攻占据长江中游、自称梁帝的萧铣（xiǎn），但队伍在硖（xiá）州受到萧铣军队的阻击，无法前进。李渊怪罪李靖，想杀他。由于其他人的说情，李靖才死里逃生。不久，李靖消灭了前来侵扰的冉肇则的军队。李渊特意在慰问李靖的诏书上写道：“‘既往不咎’（对以往的过错不再责怪），我早已把那些旧事忘记了。”李靖后来还是消灭了萧铣。咎：责怪。

我明白了

指对以往的错误不再追究、责怪。

jiǎ tú miè guó
假途灭虢

春秋时，晋国想进攻虢国，但这就必须经过虞国。于是晋献公派人给虞国国君虞公送去了宝玉和好马，要求虞公借给晋国一条前去攻打虢国的道路。这时，虞国一个叫宫之奇的大臣劝阻虞公说：“虢国是虞国的屏障，虢国灭亡了，虞国也会随之灭亡。”但糊涂的虞公不听劝告，贪恋财物，竟答应了晋国的要求。于是晋军通过虞国借让的道路前去消灭了虢国，回过头来又一举灭了虞国，连虞公也做了晋国的俘虏。“假途灭虢”由此故事而来。假：借。

我明白了

指以向对方借路为名，目的在于消灭对方的诡计。

艰难险阻

jiān nán xiǎn zǔ

春秋时，楚国大将子玉率军围攻宋国，宋国向晋国求救。晋文公出兵攻占了晋、宋之间的曹、卫两个楚的盟国，并和齐、秦两国结成联盟，取得了战略上的优势。楚成王见此情形，命令子玉撤离宋国，并告诫说：“不要再同晋军周旋了。晋文公在国外流亡了十九年，经历过‘险阻艰难’（各种困难险情）。你要知难而退。”子玉不听，结果被晋军打败，自己也自杀。“险阻艰难”现在写为“艰难险阻”。

指前进道路上遇到的种种困难、危险和障碍。

见利忘义

jiàn lì wàng yì

汉高祖刘邦死后，吕后专权。她让侄子吕产、吕禄等吕氏成员执掌朝廷实权。吕后死后，太尉周勃与丞相陈平等人定计诛灭诸吕。他们先让郦（lì）寄去劝说朋友吕禄交出京都的军权，然后杀了吕产、吕禄等人，使刘氏势力重新执掌大权。当人们认为郦寄出卖朋友时，《汉书》作者班固认为：出卖朋友的人，应该是“见利而忘义”的。而郦寄虽然出卖了朋友吕禄，为的却是国家的安定，所以无可指责。

意为看见有利可图，就忘掉了道义。

jiàn rù jiā jìng
渐入佳境

东晋的顾恺（kǎi）之博学多能，尤其擅长书画，人称“才绝”“画绝”“痴绝”三绝。人家吃甘蔗总是先吃中间脆甜的部分，而他却是从最没味道的末梢慢慢往下啃。当人们问他为什么要这样吃时，他回答说：“渐入佳境。”意思是说：这样可以越吃越甜，逐渐进入美好境界。

我明白了

比喻兴味逐渐浓厚或境况逐渐好转。

jiàn zài xián shàng，bù dé bù fā
箭在弦上，不得不发

东汉末的陈琳文采出众。他最初投奔袁绍，为袁绍写过声讨曹操的檄文，不仅大骂曹操，还骂了曹操的父亲和祖父。曹操非常气恼，发誓要亲手杀掉他。袁绍失败后，陈琳转而投奔曹操。曹操责问说：“你写的檄文，为什么把我祖宗也骂进去了？”陈琳表示对不起，同时解释说：“那也是无可奈何的，就好像‘矢在弦上，不得不发’。”曹操觉得也有道理，同时又爱陈琳的才华，终于赦（shè）免了他。“矢在弦上，不得不发”常用作“箭在弦上，不得不发”。

我明白了

比喻迫于形势，不得不这样做。

江郎才尽
jiāng láng cái jìn

南北朝时，南朝文人江淹，人称江郎。他年轻时才思敏捷，写得一手好诗文，为世人所赞赏。传说他晚年曾两次得梦，一次梦见东晋文学家郭璞（pú）对他说："我有支笔放在你处好多年，现在可以还给我了。"江郎就从怀中摸出一支五色笔交给他。又一次梦见另一个文学家张协来向他讨还存放在他那里的一匹锦，江郎把剩下的几尺奉还，张协大怒说："怎么只剩下这点点了！"从此江郎的才思大不如前。人们说他"江郎才尽"。

比喻才思减退。

姜太公钓鱼，愿者上钩
jiāng tài gōng diào yú，yuàn zhě shàng gōu

传说商朝末期，姜太公因不满于当时的黑暗政治，隐居在渭水边上，但又很想有朝一日能实现自己的政治抱负。他常常在磻（pán）溪钓鱼，钓法很奇特：鱼钩是直的，放在离水面三尺以上的地方，钩上没有鱼饵。过路人看到他这样垂钓都暗暗发笑，他却一本正经地说："愿者上钩来。"后来周文王打猎来到渭水边，与姜太公谈得很投机，就请他做了国师。后来，姜太公辅佐周文王、周武王消灭了商朝。

比喻心甘情愿地中别人的圈套。

骄奢淫逸
jiāo shē yín yì

春秋时，卫庄公很宠爱小儿子州吁（yù）。州吁骄横奢侈，荒淫放荡，甚至私养打手，欺压百姓，而卫庄公总是放任不管。大夫石碏（què）向庄公进谏说：爱子有道，不应纵容他“骄奢淫逸”，过分的宠爱会使他走上邪路，以后会造成祸乱的。庄公还是听不进去。结果，庄公死后，州吁就杀死长兄，篡夺了王位，最后自己也被人所杀。

形容剥削阶级放纵奢侈、荒淫无度的糜烂生活。

焦头烂额
jiāo tóu làn é

传说古时有人向一户人家建议，把直烟囱改成弯曲的，还要把柴火搬得远一些，否则，将会发生火灾。那家主人没有采纳他的建议，不久果然失火，靠邻居们的帮助才把火扑灭。事后主人摆酒席感谢邻居，那些被烧伤了头额的人都坐了上座，唯独那个曾对他提出建议的人没有被请。于是有人对主人说：“如果当初你听那人的话，就一切都不会发生了。为什么现在他没被邀请，而这些‘焦头烂额’的人反而成了上宾呢？”主人恍然大悟，立即去请那位朋友。

我明白了

后来用来比喻极为狼狈窘（jiǒng）迫的情状或境遇。

脚踏实地
jiǎo tà shí dì

北宋史学家司马光曾编撰了我国最大的一部古代编年史——《资治通鉴》。他治学严谨、刻苦，为编撰《资治通鉴》，每天天不亮就起来，一直工作到深更半夜。他对书稿精益求精，六百卷的初稿，到定稿时只剩下了八十卷，上面全用正楷写成，没有一字草写。这种认真踏实的治学态度，受到了人们的赞扬。一次，司马光问他的朋友："你看我是怎样一个人？"他朋友回答：你是一个"脚踏实地"的人。

形容做事认真、踏实。

揭竿而起
jiē gān ér qǐ

秦二世元年，阳城九百名壮丁被征去驻守渔阳（地名）边防。队伍行至大泽乡（地名）时，恰逢连日大雨，道路泥泞难行，已不可能如期赶到渔阳。按照秦法，逾期不到目的地要被处死。领队的小头目陈胜和吴广商量说："与其被杀头，还不如在这里起义。"于是他们"斩木为兵，揭竿为旗"（砍下树枝做武器，举起竹竿做旗帜），率领壮丁们起义反秦。他们的举动受到天下百姓的响应。"揭竿而起"由此而来。揭：高举。

泛指武装起义。

嗟来之食
jiē lái zhī shí

周朝时，齐国遭饥荒。有个叫黔敖的财主在路旁摆下些食物，等着饥民过来吃。不久，有个饿汉用袖子蒙着面孔，跌跌撞撞地走了过来。黔敖左手拿着吃的，右手拿着喝的，对他说：“嗟（不礼貌的招呼声）！来吃吧！”那饿汉张大眼睛看了看黔敖和食物，说：“我正是因为不吃这种‘嗟来之食’（吆喝着施舍给我的东西），才饿成这副样子的！”

指带侮辱性的施舍。

解铃还须系铃人
jiě líng hái xū jì líng rén

古代金陵（地名）清凉寺有个法灯禅师，平时性情豪放，不守佛门的清规戒律，所以其他和尚都看不起他，唯独有个叫法眼的禅师很器重他。一天，法眼禅师问大家：“老虎脖子上系着的金铃谁能解下来？”大家都答不上来。刚好法灯进来，法眼就把刚才的问题向他复述了一遍。法灯听后，很轻巧地说：“系上去的人解得下来。”法眼很满意，对众人说：“你们可不能轻视法灯。”

比喻谁做的事，就应谁去了结。

金石为开
jīn shí wéi kāi

以抗击匈奴而著名的西汉将领李广喜欢打猎。一次，他与兄弟去打猎，看到树丛中卧着一只老虎。李广操弓射箭，箭箭射进老虎体内，但老虎却毫无反应。原来它是块形状像老虎的石头！李广不相信地后退几步，重新拉满弓，向石虎射箭。只见射出的箭有的箭头破碎，有的箭杆折断，可就是再也射不入石头。有人就此事请教学者扬雄，他回答说："至诚则金石为开。"意思是说：只要心诚，金属和石头这样坚硬的东西都会被打开。

形容真诚足以感动人心。

金玉其外，败絮其中
jīn yù qí wài, bài xù qí zhōng

元末明初的刘基在他的寓言式小品文《卖柑者言》中讲了这么个故事：杭州有个卖柑的人，善于保藏柑子，经过冷热天都不会烂掉。拿出来卖的时候，柑子外表的皮色鲜艳得像火一样，"玉质而金色"，但是剖开一看，里面的柑肉竟枯干得像烂棉花一样。刘基为此质问卖柑人。卖柑人却振振有词地说：那些坐大堂、骑大马的当官者，哪个不是官样十足，使人望而生畏，实际上还不都是"金玉其外，败絮其中"！

比喻外表华美，本质很糟。

jìn shàn jìn měi
尽善尽美

孔子为了躲避鲁国的变乱，带着学生们跑到齐国。齐国让他欣赏舜时的音乐《韶》。孔子被美妙的乐曲吸引住了，连吃饭时都还在想着它，以致三个月来不知道吃肉是什么味道。他赞叹道："想不到我会对《韶》迷恋到这种程度！"后来他又欣赏了周武王时的音乐《武》，感到比不上《韶》，因此评价说：《韶》是"尽美""又尽善"的，而《武》则"尽美"而"未尽善"。成语"尽善尽美"由此而来。

形容完美无缺。

jìn shuǐ lóu tái
近水楼台

北宋时，范仲淹曾任杭州知州。他态度温和，乐于助人，手下的许多官员都因得到他的推荐，调任了自己理想的职务。有个在外县做官的叫苏麟的人，因没有受到范仲淹的推荐，便写了一首诗，其中两句是："近水楼台先得月，向阳花木易为春。"暗示范仲淹不应该只让身边的人得到优先照顾，也应该推荐像他这样的人。范仲淹看诗后哈哈大笑，按照苏麟的愿望为他推荐了工作。

比喻由于环境或职务上的便利而获得优先的机会。

jīng gōng zhī niǎo
惊弓之鸟

战国时，楚国打算派临武君为主将，与秦国交战。赵国认为不适宜，因为临武君曾被秦军打败过。赵国使者在劝阻时，对楚国的春申君讲了这么个故事：有个射手，看见一只孤雁鸣叫着飞来，就拉弓扳了下空弦，那只雁应声坠落。有人感到奇怪。他说：“这是一只受过伤又掉了队的雁。伤口未愈，恐慌的心理也还没消失。因此，一听弓弦的响声，就急忙使劲高飞。一用劲，伤口破裂，就掉下来了。”

比喻因受过惊吓而遇事特别胆怯的人。

jǐng dǐ zhī wā
井底之蛙

传说东海边一口快干枯的废井里住着只青蛙。它对外面的世界一点都不了解，一次见到井口来了只海龟，就夸耀说：“我可以在烂泥上蹦来蹦去，在水塘里游泳，多逍遥自在！你也下来到我的乐园玩玩。”海龟想下去，可是井口太小，卡住了它的脚，于是告诉青蛙说：“我生活的大海宽广得分不清天与水，深得没有底。就是几年大水灾，海水也不会涨；几年不下雨，海水也不会浅。住在那样的大海里，才真叫逍遥自在呢！”青蛙听后目瞪口呆。

比喻见识短浅的人。

九牛一毛

jiǔ niú yī máo

西汉名将李陵以五千步兵去抗击匈奴八万骑兵，最后因多种原因，被迫投降。汉武帝为此杀了李陵的母亲和妻子。司马迁由于替李陵辩护，也被关进监狱，并被处以最残酷、最耻辱的“腐刑”。他非常痛苦，曾想自杀，但冷静下来一想，自己这样死掉，只不过像“九牛之一毛”（很多牛上少了一根毛），和死掉一只蝼蚁一样渺小轻微。于是他忍辱负重活下来，用全部精力写成了伟大的著作——《史记》，一直流传到今天。

我明白了

比喻微不足道。

举棋不定

jǔ qí bù dìng

春秋时，卫国大夫宁殖和孙林父驱逐了粗暴的卫献公，另立公孙剽为卫国国君。但宁殖在病终前又为自己驱逐国君的行为感到耻辱，嘱咐儿子宁喜把献公迎回来。当时，逃至齐国的卫献公在齐、晋两国的帮助下，也打算回国复位。他在接见宁喜时，宁喜答应提供帮助。大夫大叔仪警告宁喜说：“下围棋的人如果‘举棋不定’，就一定会输。你对废立国君一事这样没主见，一定会带来灾祸的。”后来宁喜果然被复位后的卫献公所杀。

我明白了

比喻做事犹豫不决。

jǔ yī fǎn sān

举一反三

孔子是春秋末期一位伟大的思想家和教育家。他在教学实践中特别注意启发学生们的主观能动性，使他们能把所学的知识融会贯通。一次，他对学生们说：如果我举出一墙角做例子，你们就应联想到其余三个墙角，并用那三个墙角来反证我举的那个墙角对不对。如果你们“举一隅（yù，墙角）不以三隅反”，我就不再教你们了。“举一反三”由此简化而来。

比喻善于从一件事情类推开去，知道其他事情。

jǔ zú qīng zhòng

举足轻重

汉朝的窦融曾当过王莽的波水将军，又在刘玄手下做过巨鹿太守。刘玄称帝失败后，窦融在酒泉太守梁统等人的推举下成为河西五郡大将军，使河西地区社会安定，百姓富足。后来窦融归附汉光武帝刘秀，出兵攻打割据陇西的隗嚣。刘秀很器重窦融，曾下诏书说：“将军举足左右，便有轻重。”意思是说：窦融持何立场，都会影响全局。“举足左右，便有轻重”现简化为“举足轻重”。

我明白了

本意为脚移动一下，就会影响两边的轻重。比喻所处地位很重要，能影响全局。

juǎn tǔ chóng lái

卷土重来

秦朝灭亡后，楚汉相争，以江东弟子为基础的楚军失败。项羽带着仅剩的二三十人逃到大江边。这时，乌江亭长撑着小船过来，打算把项羽送回江东，让他重新去发展队伍，但项羽拒绝了。他认为自己无脸再见江东父老，终于自刎而死。唐朝杜牧曾写诗评价这件事：“江东子弟多才俊，卷土重来未可知。”叹息项羽过于刚烈了。

比喻失败后重新组织力量反攻过来。

jué miào hǎo cí

绝妙好辞

东汉末的曹操见曹娥碑上有“黄绢幼妇，外孙齑（jī）臼”八个字，就问部下杨修能否解出来？杨修说：“能。”曹操不让他说出来，自己努力思考。又行了三十里路，曹操也解出了那八个字。原来“黄绢”就是有颜色的丝，为“绝”字；“幼妇”为少女，代表“妙”字；“外孙”是女儿所生的孩子，指“好”字；“齑臼”是遭受辛辣的意思，可写成“辤（辞）”。总起来就是“绝妙好辞”。曹操不禁自愧才思不如杨修敏捷。

意为极佳的文辞。

开诚布公
kāi chéng bù gōng

诸葛亮任蜀国丞相后，待人处事坦白无私，诚恳公正。蜀主刘备去世后，诸葛亮履行诺言，竭尽全力辅佐后主刘禅（阿斗）。当与自己私交极好的马谡（sù）失守街亭时，诸葛亮按军法处死他，同时自己也引咎降职，由丞相降为右将军。他还把在朝廷里制造事端的大臣廖（liào）立贬为平民，流放外地。诸葛亮积劳成疾病死在军中时，没留下任何财产给后代。陈寿因此在《三国志》中评价诸葛亮是“开诚心、布公道”。“开诚布公”由此简化而来。

意为诚意待人，坦白无私。

开卷有益
kāi juàn yǒu yì

宋太宗赵匡义在处理政事之余，常读一些文史书籍。他感到查阅同类资料很不方便，就命令李昉等人编写一部规模宏大的分类百科全书。七年后，这部共有一千卷、内分五十五门、采用书籍多达一千六百余种的大型类书编成了。赵匡义把它命名为《太平御览》，并规定自己每天看三卷。有时因为处理政事没能完成规定的读书任务，他就抽空补读。大臣们劝他不要太劳累了，赵匡义回答说：“‘开卷有益’，我并不觉得劳累。”开卷：翻开书来。

指读书有好处。

kāi mén yī dào
开门揖盗

东汉末年，占据江东的孙策杀了吴郡太守许贡。许贡的三位门客趁孙策打猎之际，用箭射伤了他的面颊。孙策因箭伤发作而死亡。继位的孙权沉浸在失去兄长的悲痛中，长史张昭劝谏说：现在各路人马都在争夺天下，你如果只顾哀悼兄长，就好比“开门而揖盗”（打开大门请强盗进来）。孙权听后，立刻收住眼泪，换好服装，上马出巡军队去了。揖：拱手作礼，表示欢迎。

我明白了

比喻引进坏人，自招其祸。

kāi tiān pì dì
开天辟地

古代神话传说：远古时候，天和地是合在一起的，像一个鸡蛋。世界的开创者盘古就在这个“鸡蛋”里生长。经过一万八千年，盘古开始“开天辟地”，把这个“蛋”给顶破了。“蛋”中的一部分上升成了天，另一部分积沉成了地。盘古头顶天，脚撑地。天每天升高一丈，地每天加厚一丈，盘古也每天长高一丈。这样又过了一万八千年，天终于升得很高，地也变得很厚了。盘古看到开天辟地的任务已完成，便倒下死去。

我明白了

现在常常比喻前所未有。

kè qín kè jiǎn
克勤克俭

传说我国上古时代，洪水泛滥，尧帝命鲧（gǔn）治水。鲧用筑堤堵截的办法，九年没成功。后来舜帝命鲧的儿子禹去接替。当时禹结婚才三天，就毅然离家赴任。他领导人民疏通江河，引导洪水入海，在外奔波了十三年，三次路过家门都没有进去看一下，最后终于制伏了洪水。舜要将帝位让给他。禹不肯接受。舜对禹说：“你‘克勤于邦，克俭于家’（既能为国家勤劳出力，又能节俭地持家），是真正的贤才。”克：能够。

我明白了

意为既能勤劳，又能节俭。

kè zhōu qiú jiàn
刻舟求剑

战国时，楚国有个人乘船渡江。突然，他佩带的剑掉到了江里。于是，他马上在船舷上刻了一个记号，并自言自语说：“我的剑是从这里掉下去的。”当船靠岸之后，他立即从刻下记号的地方跳进水里去寻找自己的剑。结果当然找不到。因为船在开动，而剑掉下江后是不会动的呀。

比喻办事拘泥固执，不知变通。

空洞无物
kōng dòng wú wù

晋朝的周伯仁说话机智幽默，远近闻名。一次，他到丞相王导家做客。两人席地而坐，谈得十分投机。王导对周伯仁的谈吐很佩服，心想：他肚子里怎么有那么多货色呢？于是指着周伯仁的肚子问："你这里面有什么东西？"周伯仁指着自己的肚子，风趣地说："这里面'空洞无物'，但像你这样的人可以容纳几百个。"王导一时不明白他说的是什么意思，后来领悟了，不禁哈哈大笑。

我明白了

意思为空空洞洞，没有东西。后来多指言谈或文章极其空泛。

空中楼阁
kōng zhōng lóu gé

从前有个财主，非常希望有第三层的楼阁。他叫来了工匠进行建造。但当工匠开始打地基时，他又马上过去制止了。工匠们感到很奇怪，说："你不是要造三层楼吗？"财主说："是的，但我要的是上面的第三层楼阁，而不是要下面这些。快给我拆掉！"工匠当然造不来没有基础的空中楼阁，财主的愿望也终于无法实现。

我明白了

比喻不可能存在的事物或脱离实际的计划。

kuài dāo zhǎn luàn má
快刀斩乱麻

南北朝时，东魏丞相高欢为了试试自己的几个儿子，给他们每人一把乱麻，比赛谁整理得快。其他孩子都心急火燎地把一根根乱麻抽出来理齐，只有高洋不这样干。他去拿来一把锋利的刀子，把乱麻全都干干脆脆地斩断，第一个完成了任务。当看到父亲对自己的做法感到惊奇时，高洋解释说："乱者必斩！"高欢认定这儿子以后大有出息。高洋后来成为北齐的文宣帝。

比喻以迅速果断的方式解决错综复杂的问题。

kuàng rì chí jiǔ
旷日持久

战国时，赵王听说燕（yān）国将进攻赵国，很害怕，和相国赵胜商议，决定用三座城的代价，聘请齐国名将田单来统帅赵军。大将赵奢不同意。他对赵胜说：难道赵国没有将领了？仗还没打，就先割城，太不像话。即便田单打得过燕军，他也会把赵军拖在战场上，"旷日持久"（荒废时日，拖得很久）。这样，我们的人力物力会消耗光的。但赵奢的意见没被采纳。结果田单率领赵军打了一场消耗仗，赵国付出极大的代价，只夺到了燕国三座小城。

指荒废时日，拖延过久。

kùn shòu yóu dòu
困兽犹斗

春秋时，晋国和楚国发生了城濮（pú）之战，晋军大胜。在举国上下都欢欣鼓舞的时候，晋文公却忧心忡忡。大臣们见状，对晋文公说：我们胜利了，理应高兴，你怎么忧愁呢？晋文公回答说：楚国虽然战败了，但它的得力主将子玉还在，决不能掉以轻心。“困兽犹斗”（一头被困住了的野兽还要挣扎），何况他是一国的得力大臣呢。直到后来子玉自杀，晋文公才露出笑容说：现在楚国又败了一次，晋国又胜了一次。楚国从此会一蹶不振的。

我明白了

比喻处在绝境中的人，还要作最后的挣扎。

làn yú chōng shù
滥竽充数

战国时，齐国国君齐宣王很爱听竽，而且喜欢听合奏。为此他专门养了一支三百人的吹竽乐队。当时有个不会吹竽的南郭先生，也混在这三百人中装模作样，借此混口饭吃。后来宣王死了，继任的湣（mǐn）王喜欢听竽的独奏。南郭先生知道再也混不过去，便偷偷地溜走了。“滥竽充数”由此故事引申而来。滥竽：冒充会吹竽的人。

我明白了

比喻没有真才实学的人混在里面充数。有时也用来表示自谦。

láng bèi wéi jiān
狼狈为奸

传说古时候，狼的前肢长，后腿短；狈的前肢短，后腿长。有一次，狼和狈一道去偷羊，但羊圈又高又结实，既跳不进，也撞不开。于是它们就想出了一个办法：狼骑到狈的脖子上，狈用两条后腿站立起来，把狼驮得很高，然后狼就用它的两条前肢攀上羊圈，把羊拖走。根据狼和狈勾结干坏事的传说，人们创造了成语“狼狈为奸”。

比喻坏人互相勾结做坏事。

láo kǔ gōng gāo
劳苦功高

楚汉之争时，项羽在鸿门（地名）宴请刘邦，他的谋士范增让项庄在席上舞剑，企图伺机刺杀刘邦。随同刘邦前来的汉将樊哙（fán kuài）闻讯撞倒门卫，闯入宴席。他把一大斗酒一饮而尽，又用剑割下生猪腿肉吃。接着，他在历数了刘邦打秦军、进咸阳等功绩后责问项羽：“沛公（刘邦）如此‘劳苦而功高’，你却想杀他，这对吗？”项羽哑口无言。刘邦借口上厕所，由樊哙等人护送返回了汉军营地。

意为历尽艰辛，立下大功。

老马识途
lǎo mǎ shí tú

春秋时的山戎国攻伐燕国。应燕国的请求，齐桓公带兵打败山戎国，又击退了山戎国请来的孤竹国军队。但假装投降的孤竹国黄花元帅在带路时把齐军引入迷谷后趁机逃跑了。齐军左冲右撞，找不到出路。这时跟随齐桓公的相国管仲说：老马能识途。于是让几匹老马在前面走，大家跟着，果然把齐军带出迷谷，走上了归途。

我明白了

后来用来比喻有经验的人由于对情况熟悉，所以能起引导作用。

老妪能解
lǎo yù néng jiě

唐代大诗人白居易的诗通俗易懂，为广大百姓所喜爱。当时各地寺院和驿站的墙上都写有他的诗，妇女儿童的嘴上也都传诵着他的诗。据说他每作好一首诗，都要先拿去念给老婆婆们听。然后问她们：“懂不懂诗中的意思？”如果对方回答不懂，白居易就加以修改，直到她们能理解为止。成语“老妪能解”据此而来。妪：老年妇女。

我明白了

形容诗文通俗易懂。

乐不思蜀
lè bù sī shǔ

三国时，蜀主刘备死后，由昏庸无能的儿子刘禅继位。后来蜀国灭亡，刘禅投降司马昭后被带到洛阳。一次，司马昭请刘禅饮酒，席间让人表演了一些蜀国的娱乐节目。当时跟随刘禅投降的蜀国人看后都产生了亡国的伤感，唯独刘禅嬉笑自如。后来司马昭问他是否怀念故国，刘禅回答说："此间乐，不思蜀（这里很快乐，我不思念蜀国）。"

比喻乐而忘本或乐而忘返。

力不从心
lì bù cóng xīn

东汉的班超出使西域三十年，建立了卓越功勋。当他快七十岁时，深感自己年老多病，已难为朝廷继续效力，便上书汉和帝，流露出思乡之情。和帝没作答复。于是班超的妹妹班昭也上书和帝，信中说：现在班超白发苍苍，身体衰弱，如有突发事变，"气力不能从心"（气力已难从心愿），继续留在西域只会对家庭和朝廷都不利。汉和帝于是召回班超。班超回洛阳仅一个月就病死了。"力不从心"由"气力不能从心"简化而来。

指内心想做而力量不足。

lì bīng mò mǎ
厉兵秣马

春秋时，秦国以帮助郑国防守为名，派杞子率军驻守郑国。后来秦国想里应外合消灭郑国，就派大部队进军郑国。当秦军途经滑国时，被正在那里经商的郑国人弦高看到了。他急中生智，一面派人赶回郑国报告，一面送牛群和熟牛皮给秦军，说是郑国国君派他前来犒劳的。郑穆公接到报告后马上派人去监视杞子他们的动向，发现已在“厉（磨）兵（兵器）秣（喂）马”，准备军事行动了。后来秦军认为郑国早有防备，进攻不利，就放弃了原计划。

比喻做好了战斗准备。

lì jīng tú zhì
励精图治

西汉宣帝刘询是靠了大将军霍光的迎立才做的皇帝。作为几朝元老，霍光执掌着朝政大权，并没把宣帝放在眼里。宣帝在霍光面前十分拘谨谦恭。直到霍光死后，他才亲自执政，“励精为治”，每五日亲听大臣奏事一次；同时严格考核各级官员，对有政绩的官员进行封赏，对违法犯罪的严加追究。他还鼓励百姓发展生产，反对浪费……这些措施，增强了国家实力，提高了百姓的生活水平。“励精为治”现写为“励精图治”。励：奋勉。

意为振奋精神，设法治理好国家。

lì lìng zhì hūn
利令智昏

战国时，秦国攻伐韩国，韩国的上党郡由于四周通路被阻绝，危在旦夕。郡守冯亭为了使秦军移兵攻赵，决定把上党献给赵国。赵国的平原君贪图上党地方的十七座城池，就接受了。结果，两年后，秦军大将白起进攻赵国，占领上党，又在长平俘虏并活埋四十万赵军，连赵国都城邯郸也差点被攻陷……平原君为贪图上党之地而给赵国带来如此的灾难，司马迁因而在《史记》中称他此举是“利令智昏”。

指因贪利而头脑发昏，干出失去理智的事。

liáng shàng jūn zǐ
梁上君子

东汉时的陈寔（shí）正直善良。一天，他家来了个小偷，躲在房梁上，准备等待时机溜下来偷东西。陈寔看到小偷后，并没叫人抓他，而是把孩子们叫到一起，对他们说：“人一定要严格要求自己。坏人并不是天生的，而是染上坏习惯后逐渐堕落的。像咱们家那位‘梁上君子’就是这样一个人。”小偷听到陈寔的话，既惊慌，又惭愧，马上从梁上跳下来请罪。陈寔教育了他以后，还送了他两匹绢，鼓励他改过自新。

后来常用来指小偷。

liàng tǐ cái yī
量体裁衣

传说以前北京城里有个裁缝，在替人做衣服时，除量身材外，还要询问对方的性情、年纪以至中举时间等等。人们感到奇怪，问他为什么要这样。他说：如果是青年中举，必定性情骄傲，走起路来挺胸凸肚的，因此衣服要做得前长后短；如果是年老中举的，大都意气消沉，走路不免弯腰曲背，衣服就要做得前短后长；性急的，衣服要做得短些；性慢的，衣服应做得长些……人们称这个裁缝是“量体裁衣”。

比喻根据实际情况办事。

liǎng xiù qīng fēng
两袖清风

明代的地方官赴京朝见皇帝时，常常带一些任职地方的土特产去，既可作为献给皇帝的贡品，又可送给朝中其他大臣。但于谦却反对这一套。他从河南当巡抚回京城时，一点东西都没带，还作了一首诗表示自己的态度。诗中说：当地虽然有绢帕、麻菇和线香等土特产，但它们是百姓的生活依靠，搜刮这些物产只会使百姓遭殃。所以他这次去朝见皇上，什么也没带，只有“清风两袖”（两只袖筒里的清风），为的是不让老百姓骂他。

比喻为官清廉。

lù sǐ shuí shǒu

鹿死谁手

东晋时，北方羯（jié）族有个叫石勒的人，做过行贩，种过地，也被人作为苦力贩卖过。后来他聚众起事，建立了后赵政权。不久，又率兵消灭了前赵国，从而取得北方大部分地区的统治权。为此，石勒自命不凡地对臣子徐光说：“假如我生活在汉高祖刘邦的时候，我会老老实实地效忠于他；但如果我的对手是汉光武帝刘秀，我就要和他在中原大地上决一雌雄，看看到底‘鹿死谁手’（天下被谁争夺到）？”

现在比喻不知谁会取胜。

lù lì yī xīn

勠力一心

北魏吐谷（tū yù）浑国君主阿豺有二十个儿子。他让每个儿子送上一支箭，然后让其中一个叫慕利延的儿子折一支箭。慕利延很轻松地把它折断了。阿豺又把其余的十九支箭合成一束，再让慕利延折。慕利延屏足气力也没能把它们折断。阿豺于是对儿子们说：“你们看到了，单个容易遭摧折，合在一起就不好对付了。大家如果‘勠力一心’（齐心协力），国家就稳固了。”勠力：合力。

形容齐心协力。

luò yáng zhǐ guì 洛阳纸贵

西晋大文学家左思，经过十年的精心构思，写出了以三国时魏、吴、蜀的都城为内容的三篇赋，总名为《三都赋》。另一个文学家陆机也曾经想写《三都赋》，听说左思已在写，不觉失笑，说等他写出来，将用来覆酒瓮。等到左思的赋出来后，他大为叹服。由于传抄《三都赋》的人很多，都城洛阳的纸张一下子供不应求，纸价也就因此而昂贵起来。“洛阳纸贵”据此而来。

我明白了

比喻好作品风行一时，广泛流传。

mǎ shǒu shì zhān 马首是瞻

春秋时，晋、鲁、齐、宋、卫等国联军在晋军元帅荀偃（yǎn）、栾黡（yǎn）率领下攻打秦国。部队到达泾河边时，各国军队都不肯先渡河。这时秦军在泾河上游撒下毒药，联军有很多人被毒死。联军一怒之下，往西打到秦国境内的棫林（地名），遭到秦军阻击。这时荀偃下令说：鸡一叫就驾好战车，填平水井，铲平灶头，“唯余马首是瞻”（看我马头的方向去战斗）。但由于栾黡不听荀偃指挥，使得荀偃最后只好下令撤退。瞻：往前或往上看。

我明白了

原来指作战时将士们看着主将的马头决定行动的方向。现在比喻服从指挥或追随别人。

mǎi dú huán zhū
买椟还珠

从前，楚国有个商人到郑国去卖珍珠。珍珠的匣子用名贵的木兰做成，并用桂椒熏制，还用珠玉联结，用玫瑰宝石装饰，再缝上翡翠宝石，显得非常美观华丽。有个郑国人看到这么精美的匣子，就出高价买下了，却把里面的珍珠还给楚国商人。成语“买椟还珠”由此而来。椟：木匣子。

比喻舍本逐末，取舍失当。

mǎn chéng fēng yǔ
满城风雨

宋朝有个叫潘大临的读书人，善于作诗，常有一些很好的诗句。秋日的一天，他靠在床上闭目养神，忽然听到树林中的风雨声，触发了他的灵感。于是他起身写诗，谁知刚写完第一句“满城风雨近重阳”，催租的人闯了进来，就再也写不下去。第二天，他把这句诗寄给他的朋友，信中感叹：“虽然秋天以来的景物，件件都是好的诗句，但可惜被俗气所遮盖了。”

原来形容重阳节前的风雨景象。现在比喻事情到处传扬，议论纷纷。

盲人摸象
máng rén mō xiàng

有这样一个佛经故事：国王让几个盲人了解大象的形状。一个摸到象牙的盲人说："原来大象就像萝卜。"另一个摸到象耳的说："不对，它像簸箕。"马上又有个摸到象腿的人反对说："你们都错了。它像柱子。"但摸到象尾的却认为它像绳子……大家为此争吵不休，引得一旁的明眼人哈哈大笑。"盲人摸象"据此概括而来。

比喻对事物只片面了解，就妄加判断。

毛遂自荐
máo suì zì jiàn

战国时，秦军曾围困赵国都城。赵国派平原君到楚国去求援。平原君决定在三千多个门客中挑出二十人一同前往，但选来选去只选中十九人。这时，有个叫毛遂的门客自我推荐。平原君勉强答应了他。在楚国，平原君和楚王谈判陷入僵局。最后还是毛遂按剑上前，向楚王陈说利害，才使楚王答应抗秦救赵。"毛遂自荐"据此故事引申而来。

后用以形容自告奋勇、自我推荐。

门可罗雀
mén kě luó què

汉朝有个叫翟（zhái）公的人。当他做廷尉（官名）时，家里宾客盈门。后来他被罢免了官职，门前顿时冷冷清清，“门外可设雀罗”（简直可以在门外摆出网来捕雀）。不久，翟公官复原职，以前的那些客人又都上门来做客了。翟公感叹这世态炎凉，就在大门上写了几句话，其中有两句是“一贵一贱，交情乃见”。意思是说：只有经历过富贵和贫贱，才能看出人与人之间的真正交情。“门外可设雀罗”后演变为“门可罗雀”。

比喻门庭冷落，宾客稀少。

迷途知反
mí tú zhī fǎn

陈伯之是南朝齐时的江州刺史。齐灭亡后，梁武帝萧衍让他继任原职，仍镇守江州。但陈伯之听信部下邓缮的唆使，起兵反梁。战败后他又投奔北魏，当了平南将军，继续和梁朝对抗。梁武帝的兄弟萧宏奉命北伐，与陈伯之对峙于寿阳（地名）。萧宏命记室（官名）丘迟写信给陈伯之，劝说他投降。丘迟在信中写道：“迷途知反”（迷失道路后知道回来），是古代的圣贤也称赞的。

比喻觉察了自己的错误，知道改正。

民以食为天

mín yǐ shí wéi tiān

秦朝灭亡后，楚汉相争。刘邦的汉军和项羽的楚军进行了长达五年的交战。起初，双方相持在河南的荥阳一带。荥阳附近的敖山上有一所秦朝遗留下来的巨大粮仓，战略地位极其重要。但是，当楚军围攻荥阳时，刘邦竟决定放弃此地。谋士郦食其劝刘邦坚守，认为“民以食为天”（粮食是人们生存的根本），敖山粮仓决不能放弃。刘邦采纳了他的意见，坚守荥阳，终于取得了战争的胜利。

指粮食在人民生活中具有最重要的地位。

名不副实

míng bù fù shí

战国时的齐宣王自以为力气大，常拉弓给别人看，并让大家也去拉他的弓。人们为了讨得他的欢心，故意拉到一半就装作拉不动了，说：“你这弓起码要九石的力气才能拉满。”实际上他的弓只要三石力气就行了，但宣王一直认为是九石。人们因此评论说：“宣王为九石的虚名沾沾自喜，却并没有九石的实际气力，真是名不副实。”副：相称。

指名声与实际不相符。

míng luò sūn shān
名落孙山

宋朝有个叫孙山的人，跟同乡的一个儿子一起去参加科举考试。他考取了最后一名，那个同乡的儿子没考上。孙山先回，那同乡见面问他："我儿子考取了没有？"孙山回答说："解名尽处是孙山，贤郎更在孙山外。"意思是说：榜上的最后一个名字是孙山，而你儿子的名字在孙山后面。成语"名落孙山"由此引申而来。

比喻考试落第或未被选拔上。

míng mù zhāng dǎn
明目张胆

唐代有个监察御史叫韦思谦，他曾大胆揭露了丞相褚遂良强行贱买别人土地的行为，使得褚遂良因此降职。后来褚遂良官复原职，把韦思谦贬到外地去做县令。当有人为此去慰问韦思谦时，他问心无愧地说：我既然身居监察御史的职位，就要"明目张胆"（眼睛明，胆子大）地及时察觉不合法的行为，并不畏权势地加以揭露，哪里还会去考虑自己个人的得失呢？

原来指有胆有识、敢作敢为的气概。现在常常形容无所顾忌、胆大妄为。

míng xiū zhàn dào, àn dù chén cāng
明修栈道，暗度陈仓

楚汉之争时，项羽倚仗兵力强大，违背谁先入关中谁为关中王的约定，仅封先入关中的刘邦为汉王。刘邦从关中回汉中时，烧毁了走过的栈道，以表明自己不再东进关中。后来，刘邦又命令修复栈道。项羽方面认为修复栈道需要很久，所以并不在意。这时刘邦和韩信暗地里率大军通过密道，占领陈仓（地名），进而攻入咸阳，占领关中。

指作战时正面迷惑敌人，从侧面突然袭击的战略。又比喻暗中进行的活动。

mó chǔ chéng zhēn
磨杵成针

传说李白小时不爱学习，很贪玩。一天，他逃学来到小溪边，看见一位老婆婆手里拿着根铁杵（铁棍），在一块大石头上磨。李白问："你磨铁杵干什么？"老婆婆回答："我给女儿磨一根绣花针。"李白又问："这么粗的铁杵，什么时候才能磨成绣花针呢？"老婆婆说："只要功夫深，铁杵磨成针。"李白听后很有感触，回家刻苦用功，终于成为唐代大诗人。

比喻只要有恒心，再难的事也能做成。

莫须有

mò xū yǒu

南宋民族英雄岳飞率领岳家军，把金朝入侵者打得落花流水。奸臣秦桧为了讨好金朝，解除了岳飞的兵权，还诬陷岳飞谋反，把他和义子岳云关进监狱，最后竟将岳飞害死于风波亭。已被解除兵权的大将韩世忠怒气冲冲地质问秦桧有什么凭据说岳飞谋反？秦桧含糊其辞地狡辩："莫须有。"（意为：也许有。）韩世忠气愤地说："'莫须有'三个字，怎么能使天下人口服心服呢！"

原意为也许有。现在用来表示捏造罪名、陷害别人。

墨守成规

mò shǒu chéng guī

战国时的楚国为攻打宋国，叫著名工匠公输班制造攻城用的云梯。主张"兼爱"、反对战争的墨翟（dí）听说此事后，走了十天十夜来见楚王，劝他不要出兵。楚王却以公输班已造好云梯、攻城一定会胜利为理由，不听墨翟的劝告。于是墨翟设计了简单的模型，让公输班来攻。公输班用各种方法连攻九次，都被墨翟防御住了。楚王见此情形，取消了攻打宋国的计划。由于墨翟善于守城，人们称之为"墨守"，后来演化为"墨守成规"，意义也改变了。

现在比喻因循守旧，不肯改进。

nán yuán běi zhé
南辕北辙

相传古时候有个北方人要到南方的楚国去，当他从太行山脚下动身后，却乘着马车一直朝北行去。有人提醒他："到楚国去应该朝南走，怎能往北行呢？"他却说："不要紧，我有一匹好马，又有充足的旅费，还有个技术很高的马夫，什么地方都走得到。"人家告诉他："你方向错了，即便有好马、很多旅费和很会赶车的车夫也是不行的，只会越走离楚国越远。"他还是不听。成语"南辕北辙"据此概括而来。

比喻行动与目的相反。

nìng wéi yù suì, bù wéi wǎ quán
宁为玉碎，不为瓦全

南北朝时的高洋废魏孝静帝元善见，自立为王，建立北齐。他残暴镇压元氏异己，培植自己的高氏势力，使元氏宗亲无不惊慌恐怖。将军元景安为保存自己，打算改姓高氏。堂兄元景皓反对说："大丈夫宁可玉碎，不能瓦全。"（意为：大丈夫宁可做玉器被打碎，也不能去做陶器而偷生。）元景安把这话传给高洋，高洋便杀了元景皓，并把他的家属遣送到外地。"宁可玉碎，不能瓦全"现在写为"宁为玉碎，不为瓦全"。

比喻宁愿为正义事业牺牲，决不屈辱偷生。

怒发冲冠

nù fà chōng guān

战国时，秦昭襄王听说赵国有一块很珍贵的和氏璧，就写信给赵惠王，骗说愿以十五座城与之交换。赵王派大臣蔺相如带着璧玉出使秦国。蔺相如把璧玉献给秦王后，发现秦王根本就没有交付城池的意思；于是假说璧玉有点小毛病，愿指给秦王看，趁机从秦王手中收回璧玉。这时，蔺相如靠近殿柱，“怒发上冲冠”（因为愤怒，头发竖直，顶起了帽子）。他告诉秦王说：“你如果要逼迫我，我的头和璧玉就一起碎在这柱子前!”终于使秦王低下了头。

形容愤怒至极。

盘根错节

pán gēn cuò jié

东汉的虞诩曾在太尉李修手下做官。一次羌族入侵，威胁凉州。大将军邓骘（zhì）主张放弃凉州，虞诩极力反对。他对李修说：凉州是我们抵御外族入侵的屏障，不能放弃；凉州人英勇顽强，也不宜内迁。邓骘因此怀恨虞诩。后来朝歌地方发生骚乱，邓骘就叫虞诩去当朝歌县令。当时很多人都为虞诩担心，他却笑笑说：不遇到“槃（盘）根错节”（盘曲交错的树根枝节），怎么能显出刀斧的锋利呢？虞诩赴任后，很快就治理好了朝歌。

现在常常比喻事情错综复杂，不易处理。

páng ruò wú rén
旁若无人

战国时期，卫国的荆轲虽然胸怀雄心壮志，但总感到自己的智勇没处施展。他从卫国跑到赵国，又从赵国来到燕国。在燕国他结交了善于击筑（一种乐器）的高渐离。他们常常在一块喝酒，喝到半醉，就由高渐离击筑伴奏，荆轲合着筑乐在街市中高歌吟唱，以抒发心中的不平。但过后他们又会情不自禁地放声大哭，“旁若无人”（就像旁边没人一样）。

指不把他人放在眼里。形容态度从容、高傲。

pǐ fū zhī yǒng
匹夫之勇

战国时，齐宣王问孟子：“怎样处理好与各国的关系？”孟子回答：“应用仁爱之心去对待各国。”宣王说：“我好勇，恐怕无法保持仁爱之心。”孟子说：“如果有个人手抚利剑，目光威严地说：‘他不敢阻挡我。’这只是‘匹夫之勇’，只能敌一个人。大王如果要把这‘勇’扩大，使之可以降服所有人，就需要‘仁爱’了。”

指不用智谋，单凭个人的勇敢。

<ruby>破<rt>pò</rt></ruby><ruby>釜<rt>fǔ</rt></ruby><ruby>沉<rt>chén</rt></ruby><ruby>舟<rt>zhōu</rt></ruby>

秦朝末年，秦军采用各个击破的办法，对付起兵反秦的各国诸侯。秦军大将章邯在率军击败项梁后，又围攻赵国的巨鹿城。项羽看到赵国危在旦夕，就亲自带楚军去救援。当部队渡过滔滔的漳河后，项羽命部下“沉船”（凿沉船只），“破釜”（砸碎饭锅），只带三天的粮草上战场，表示此仗不胜利就牺牲的决心。楚军在和秦军的九次激战中，以一抵十，奋勇杀敌，取得了胜利。

比喻下定决心干到底。

<ruby>破<rt>pò</rt></ruby><ruby>天<rt>tiān</rt></ruby><ruby>荒<rt>huāng</rt></ruby>

唐代，荆州南部地区文人很多，每年都要选送举人进京应试，但都考不上。人们因此把荆南地区比为“天荒”（从未开垦的土地）。到了唐宣宗大中四年，被选送的刘蜕考中了进士，这才破了“天荒”。镇守该地区的崔铉很高兴，特地赠给刘蜕七十万“破天荒”钱，被刘蜕谢绝了。

比喻从未有过的事。

扑朔迷离

pū shuò mí lí

古诗《木兰诗》中讲了这么个故事：朝廷征兵，正在织布的姑娘木兰看到自己年迈的父亲也在征召之列，就决定女扮男装，代父从军。在十多年的戎马生涯中，她出生入死，转战疆场，建立了卓越功勋。战争结束后，木兰不愿受封为官，回家脱下战袍，换上姑娘装束。战友们见状大为惊讶。诗中于是比喻道：平时雄兔“脚扑朔”（两脚扑腾），雌兔“眼迷离”（眼睛眯起），可是当它们都在地上行走时，就无法分出雌雄了。“扑朔迷离”据此简化而来。

比喻事情错综复杂，不易辨清真相。

其貌不扬

qí mào bù yáng

唐朝诗人皮日休年轻时四处游历，体察民间疾苦，写了许多切中时弊的诗文，在家乡襄阳很有名气。他进京参加进士考试时，主考官郑愚看他的文章写得好，就专门派人把他请到家里面谈。郑愚原以为皮日休一定仪表堂堂，见面时才发现“其貌不扬”，尤其是左眼角竟是下塌的，于是开玩笑说：“你的才学很好，可是一只眼睛怎么会这样？”皮日休回答：“你不能因为我的一只眼睛而废了自己的两只眼睛。”意思是说，作为主考官，千万不能因为考生长相差而埋没人才。

指人的容貌难看。

奇货可居

qí huò kě jū

战国时，卫国商人吕不韦在赵国都城邯郸经商，看到秦国公子异人在那里做人质。吕不韦感到这是一个“奇货可居”的好机会，想先在异人这个特别的商品上投资，等以后机会来了发大财。他用钱买通监守异人的赵国大臣，又花钱到秦国说服了秦国太子，使异人逃回秦国，改名为子楚。后来秦昭襄王和太子相继死去，子楚继位成了庄襄王，吕不韦也因此被封侯拜相。

比喻把某种货物储存起来，等待机会高价出售。

歧路亡羊

qí lù wáng yáng

相传战国时杨朱的邻人丢失了一只羊，请来许多人去找，连杨朱家的仆人也被叫去了。结果，所有去找羊的人都空手而回。杨朱问：“怎么那么多人还会找不到羊？”邻居回答说：“三岔路口太多了，真是歧路中又有歧路，我们不知该往哪条路去找，只好回来了。”杨朱听后，沉思起来。他的学生心都子悟出了其中的道理，说：“大路上‘多歧亡羊’（歧路多，羊就会跑失），做学问的人如果不专一，也会一无所获。”“多歧亡羊”后演化为“歧路亡羊”。

比喻事理复杂多变，因辨不清正确方向而误入歧途。

qǐ rén yōu tiān
杞人忧天

春秋时，杞国有个人一天到晚都在担心天会突然塌下来，地会突然陷下去，这样自己会无处安身。为此，他睡不着觉、吃不下饭。当人们告诉他天是由大气组成，不可能掉下来时，他又担心起太阳、月亮、星星是否会落下来，砸破自己的头。直到有人告诉他这一切都不可能时，他才放下了长久紧提着的一颗心。成语“杞人忧天”据此而来。

比喻不必要的忧虑。

qiān biàn wàn huà
千变万化

西周时，周穆王外出巡察，途中遇见一位名叫偃师的能工巧匠。穆王问他：“你有什么本领能让我领教领教吗？”偃师回答：“我能造出任何东西，请你先来看看我刚造的东西。”穆王说：“明天再看吧。”第二天，偃师前去拜见穆王，并带去了自己制造的会动的假人。这些假人在偃师的操纵下唱歌跳舞，随偃师的意愿“千变万化”，使得周穆王目不暇接，不禁拍案叫绝。

形容变化繁多。

qiān lǐ sòng é máo
千里送鹅毛

唐朝时，有个地方官员派一位名叫缅伯高的人赴京城去向皇帝进贡天鹅。缅伯高跋山涉水上路了，途经沔（miǎn）阳湖时，看到天鹅因为旅途上的折腾，又脏又臭，想给它洗个澡，谁知一松手，天鹅飞走了，只留下一根鹅毛。他只好把这根鹅毛带去献给皇帝，同时作了一首歌诉说自己旅途的艰辛和失去天鹅的伤心，希望皇上能原谅他的过失。歌中唱道：“礼轻人意重，千里送鹅毛。”

比喻礼轻情意重。

qián jù hòu gōng
前倨后恭

战国时的苏秦在诸侯间游说（shuì），曾向秦王上书十次，都不被采纳。他的盘缠花光了，身上的衣服也破得不成样子。回到家里，妻子和嫂嫂都看不起他，甚至不给做饭。后来苏秦游说六国成功，佩六国相印衣锦还乡。妻子和嫂嫂都伏在地上请他吃东西。苏秦问嫂嫂：“何前倨而后恭也（为什么以前傲慢而现在恭敬呢）？”嫂嫂回答：“因为你现在富贵啊！”苏秦对此十分感慨。

比喻前后态度截然不同。

前事不忘，后事之师
qián shì bù wàng, hòu shì zhī shī

春秋末年，执掌晋国大权的智伯强行向赵襄子、魏桓子和韩康子三家索要土地，遭到赵襄子的拒绝。智伯大怒，命令魏、韩两家军队和自己一起去攻打，把赵襄子围困在晋阳城内。智伯又命令引汾河水灌城。赵襄子手下的张孟谈趁黑夜跑出城，前去说服魏桓子和韩康子共同消灭了智伯。事后，赵襄子要封赏张孟谈，张孟谈谢绝说：“我功劳太大会给自己带来灾祸的，历史上这样的事例很多。‘前事不忘，后事之师’，我还是隐居去。”

不忘记以往的经验教训，作为以后行事的借鉴。

黔驴技穷
qián lǘ jì qióng

相传黔地本来没有驴子，有人从外地用船运了一头去，但派不了用场，只好把它放在山野里。老虎一见这庞然大物，很害怕，躲在林子里偷看。驴子大叫一声，老虎吓了一跳，以为要来吃自己，连忙逃开。后来老虎看来看去，觉得驴子并没有什么了不起的本事，于是一步步靠近驴子，试探着碰碰它的身体。驴子大怒，踢了老虎一脚。老虎终于看透驴子只有这么一点本领，立即扑上去咬死驴子，饱食一顿而去。成语“黔驴技穷”由此故事引申而来。

比喻有限的一点本领已经用完。

强弩之末

qiáng nǔ zhī mò

汉武帝时，汉朝经常和匈奴发生冲突，战事不休。后来匈奴前来求和，武帝召集大臣商讨和战问题。在边境任职多年的王恢主张继续战下去，采用突然袭击的方法，一下把匈奴打垮。但大臣韩安国反对这样做。他认为：我们千里奔袭，战斗力会大大减弱，好比“强弩之末，力不能穿鲁缟（gǎo）”（强弩所发的箭，飞到后来会连很薄的绢也穿不透的），而匈奴骑兵的作战力却很强，因此还是和亲为好。汉武帝最后同意了韩安国的意见。

比喻强大的力量已经衰竭，不再能起作用。

巧取豪夺

qiǎo qǔ háo duó

东晋的著名画家顾恺之，小字虎头，当时人说他才绝、面绝、痴绝，所以有“痴虎头”之称。有一次，他把自己的一橱画，用题笺封好，放在大官桓玄那里。桓玄从橱后把画拿走了。顾恺之看到封笺还是好好的，而画已不见，以为是妙画通灵，变化而去，好像人登仙一样。宋代的苏东坡写诗评论这件事说：“巧偷豪夺古来有，一笑谁似痴虎头。”意思是说桓玄的手段是连骗带抢，而顾恺之也真是太天真了。“巧偷豪夺”现用作“巧取豪夺”。

指用巧妙的手段骗取，或凭强力夺取他人的财物。

qǐng jūn rù wèng
请君入瓮

唐朝官员周兴，审理案件时惯用酷刑逼供。后来有人告发周兴谋反，武则天命令另一酷吏来俊臣去审问。来俊臣把周兴请到家里，问他："犯人大多不肯认罪，该用什么方法呢？"周兴回答说可以把犯人装在一只大瓮中，用炭火烤，犯人就会乖乖认罪的。来俊臣于是要来一只大瓮，照周兴的说法四周放上火炭，然后对周兴说："有人告你谋反，朝廷要我审问你，现在请你入此瓮吧。"周兴一听，吓得连连叩头认罪。"请君入瓮"据此引申而来。

比喻用某人整治别人的办法来整治他自己。

qióng bīng dú wǔ
穷兵黩武

三国时期，吴国的末代皇帝孙皓对外滥用武力，对内大量征兵，使得平均每十人中就有一个当兵的，造成国库空虚，民不聊生。大将军陆抗为此上书孙皓，要求致力于发展生产，不要随意兴兵动武。陆抗说："穷兵黩武"（使用全部兵力，任意发动战争），不仅耗费大量钱财，而且使将士们疲惫不堪，致使我们自己在敌人力量还没消耗前已元气大伤。孙皓不听劝阻，终于使吴国在西晋军队攻伐时迅速灭亡。穷：竭尽。黩：随意。

形容好战。

qiū háo wú fàn

秋毫无犯

楚汉之争时，刘邦的汉军先入关中，但项羽负约让刘邦去做了汉中王。韩信在被刘邦拜为汉军大将后，分析说：“虽然目前汉军的力量还敌不过楚军，但项羽不会放手任用有才能的人。楚军所到之处，烧杀抢掠。百姓恨之入骨，民心丧尽。而大王刚好相反，知人善任，入武关后‘秋毫无所害’，得到了百姓的拥护。所以要想夺回关中很容易。”“秋毫无犯”由“秋毫无所害”演化而来。秋毫：鸟兽秋天新换的绒毛，比喻极细微的东西。

意为丝毫不加侵犯。形容军纪严明。

qiú tián wèn shè

求田问舍

东汉末年，天下大乱。被誉为“国士”（一国杰出的人物）的许汜（fán）不顾国家兴亡，趁机“求田问舍”（买田置屋）。当他避乱到下邳（地名）时，作为主人的广陵太守令（官名）陈登对他极为冷淡，只顾自己到大床睡，让许汜睡在低矮的小床上。后来许汜就此事在刘备面前说陈登的不是。刘备回答：“你的所作所为是陈登所厌恶的，跟你还有什么可谈的呢。我如果睡在百尺高楼的话，一定让你睡在地上，又岂止是大床与小床的区别！”

比喻只顾眼前利益，无远大志向。

趋炎附势

qū yán fù shì

宋朝真宗时，进士李垂因写《导河形胜书》为人们所器重。当时，朝廷宰相丁谓权势很大，许多官员争相奉承拍马，只有李垂不肯去拜访，并认为丁谓身为宰相，恃仗权势不讲公道。丁谓于是借故把李垂调出京城。宋仁宗时，丁谓倒台，又有人劝李垂去拜见当朝宰相。李垂回答说：“当年我如果肯去拜见丁谓，早就当上翰林学士了。现在我又怎么能‘趋炎附热’，以求被推荐、提拔呢？”“趋炎附热”后演化为“趋炎附势”。

指奔走权门，依附有势力的人。

曲高和寡

qǔ gāo hè guǎ

战国时，楚国的襄王曾经问宋玉：“你有什么地方做错了吗？怎么附和你的人这么少呢？”宋玉回答说：“附和我的人是不多。打个比方吧：有人在街上唱歌，起先唱的是通俗的曲调，应和他的人有好几千；当唱到较高深的曲调时，能随着他一起唱的就只剩下几十人了。‘其曲弥高，其和弥寡’（曲调越高深，和唱的人就越少）。我之所以不为人所理解，也就是这个道理。”“曲高和寡”由“其曲弥高，其和弥寡”简化而来。

既指知音难得，也比喻言论或作品艰深，能理解的人很少。

qǔ ér dài zhī
取而代之

西楚霸王项羽年轻时，学书一无所获，学剑也没有成就。叔父项梁为此很恼火，项羽却说："学书只能用来记姓名，学剑也只是一人敌，我要学万人敌的本领！"项梁于是教他兵法。但项羽在稍微懂得了一点以后，就又歇手了。一次，秦始皇巡游会稽，在一边观看的项羽大胆地指着秦始皇说："他的地位可以取而代之！"项梁急忙捂住项羽的口，生怕被旁人听见，招来杀身之祸。

指夺取别人的地位由自己替代。

quán yí zhī jì
权宜之计

东汉末年，军阀董卓废掉汉少帝，另立九岁的汉献帝，从而掌握朝政，胡作非为。司徒（官名）王允以献美女貂蝉的计策，制造董卓与部将吕布间的矛盾，使吕布趁汉献帝会群臣于未央宫之机刺死了董卓。董卓死后，王允见祸害已除，天下太平，做事也就"不循权宜之计"（不根据具体情况采用变通办法），同手下人渐渐疏远。不久董卓原来的部将李傕（jué）、郭汜（sì）杀回长安，赶走吕布，杀死了王允。权宜：暂时适宜。

指为了应付某种情况而暂时采取变通的办法。

quán wú xīn gān
全无心肝

南北朝时，南朝陈的末代皇帝陈叔宝整天吃喝玩乐，荒淫无度。隋朝军队渡过长江，攻入陈的都城建康后，陈叔宝被押送到长安，不久被隋文帝杨坚释放，并在生活上享受三品官的待遇。隋文帝为怕引起陈叔宝亡国的伤感，每次朝会都不让演奏江南乐曲。但陈叔宝却说：“没有官职，参加朝会有许多不便，希望能给我个官职。”隋文帝听后，不禁感叹地说：“叔宝全无心肝。”意思是说：陈叔宝不仅没亡国之恨，反而还要起官职来，真是不知羞耻。

指无羞耻之心。

rén qì wǒ qǔ
人弃我取

战国时，魏文侯任用李悝（kuī）为相国，主持变法。李悝在经济上除鼓励发展生产外，还以平价进出的办法，保障人们对粮食的需求。有个叫白圭的商人从中受到启发，提出了“人弃我取，人取我与”的经商之道。他在粮食收获季节，大量收进平价的粮食，同时高价卖出蚕丝、生漆；而到养蚕收茧的季节，又高价卖出粮食而收购平价的蚕丝。白圭致富后说：“我经商，就像伊尹、吕尚的治国，孙膑、吴起的用兵和商鞅的变法一样。”

我明白了

原来指别人抛弃时，我去取来。也指自己的兴趣、见解与他人不同。

忍辱负重

rěn rǔ fù zhòng

三国初年，蜀主刘备为了夺回被孙权占领的荆州，替关羽报仇，率领几十万大军进攻东吴。蜀军战事顺利，推进到东吴境内几百里。孙权命年轻的陆逊为大都督，指挥五万军队迎战蜀军。但许多部将依仗自己资格老，认为陆逊只是一介书生，对他的号令有所怠慢。陆逊紧握宝剑对将军们说："主上之所以交给我这副重担，是因为我能'忍辱负重'。以后谁不服从命令就按军法处置！"最后，陆逊以火攻战术赢得了这场战争的胜利。

指忍受屈辱，担负重任。

如火如荼

rú huǒ rú tú

春秋时，吴王夫差和晋国晋定公争做诸侯的盟主。夫差为了显示自己的威风，便在一天夜里，把三万军士摆成三个方阵，作为左、中、右三军。中军白衣白甲，"望之如荼"（看去像盛开的白色荼花）；左军全是红色，"望之如火"（像燃烧的火焰）；右军全是黑色，像密布的乌云。到第二天清晨，吴王亲自鸣鼓，三万军士一起响应，声音雄壮高昂，吓得晋定公不得不答应让吴王做了盟主。成语"如火如荼"据此而来。

原形容军容壮盛，后常用以形容声势浩大、气势磅礴。

rú shì zhòng fù
如释重负

春秋时，鲁国的实际权力被季孙氏、叔孙氏、孟孙氏三家掌握。他们改革田制，实行按田缴税，通过给百姓带来一些实际利益笼络民心。鲁昭公为了夺回权力，派军队包围季孙氏的府第。叔孙氏和孟孙氏马上率军队救援，把昭公的军队打得大败。鲁昭公看到大势已去，只好逃往齐国。由于他在国内很不得民心，所以百姓们对他的出逃只是感到“如释重负”。

形容人在解除某种负担后感到轻松愉快。

rú zuò zhēn zhān
如坐针毡

西晋的杜锡以学识广博而闻名，曾被长沙王请去做文学侍从。以后他又不断被提升，最后成为太子愍（mǐn）怀的舍人（官名）。杜锡生性耿直忠烈，常常对愍怀太子的错误做法提出各种诚恳的劝谏。愍怀太子因此很不高兴，派人“置针著锡常坐处毡中”（在杜锡常坐的毡子中插了许多针），使杜锡进谏时被刺得鲜血直流，坐不安席。成语“如坐针毡”由此引申而来。

形容心神不安，片刻难忍。

孺子可教
rú zǐ kě jiào

张良在秦朝末年还是个年轻人。一次他来到桥上，遇见一位老人故意把鞋子丢到桥下，叫他去捡起来。张良气得差点要打过去，但终于忍耐住，不但下桥捡回鞋子，还跪着给老人穿上。老人大笑着走了，走了一里多路，又回来对张良说："孺子可教。"意思是年轻人有出息，可以造就。后来老人又经过对张良的几次考验，终于把一部绝世兵书传授给了他，使张良成为汉初三杰之一的大谋士。

指年轻人有出息，可以造就。

入木三分
rù mù sān fēn

晋朝大书法家王羲之所写的字秀丽遒劲，达到了炉火纯青的地步。相传他七岁就很会写字，十二岁时在父亲的枕头里看到前人关于写字笔法的书，就偷着读。不到一年，书法大有长进。一次，皇帝在北郊祭地，需要更换写祝辞的木板。工匠们削去王羲之写过字的木板，发现字迹"入木三分"（透入了木板三分深）。王羲之三十三岁时写了《兰亭帖》，三十七岁又写了《黄庭经》。这些都是流传千古的绝妙书法作品。

现在常常比喻描写或议论深刻。

阮囊羞涩
ruǎn náng xiū sè

东晋元帝司马睿时，黄门常侍（官名）阮孚行为放达，喜欢喝酒游玩。因为没钱，竟把金貂（官帽上的珍贵饰物）也换酒喝了。一次，他提着一个“皂囊”（黑色的袋子），前去会稽游玩。有人问他：“囊中装着什么？”阮孚答道：“空空荡荡。不过，为了不感到‘羞涩’，有一枚小钱守在里面。”“阮囊羞涩”根据阮孚的故事概括而来。阮囊：阮孚的口袋。

我明白了

比喻手头拮据。

塞翁失马
sài wēng shī mǎ

传说古代北方边塞上，有个老头走失了一匹马。别人都为他惋惜，他却说：“怎么知道这不是好事情呢？”过了几个月，那匹马引了好几匹胡人的骏马回来了。别人向他道喜，他说：“怎么知道这不是祸水呢？”结果，他儿子因骑胡人的骏马摔伤了腿。老头又说这不一定是坏事情。后来，胡人入塞，边塞上的壮汉都被征去应战，死伤不少，唯独老头的儿子因腿残而免征，父子仍能团聚。

我明白了

比喻坏事在一定情况下会变成好事。

sān gù máo lú
三顾茅庐

东汉末，刘备敬慕诸葛亮的才识，和关羽、张飞一起到诸葛亮住的茅庐（草屋）去拜访他。第一次没见着，第二次冒着风雪去，还是见不到。第三次去时，诸葛亮正在睡觉。刘备恭恭敬敬地站在台阶下，等诸葛亮醒来。诸葛亮从刘备的三次拜访中，看出了他的诚意，便答应了他的请求。此后，诸葛亮帮助刘备建立了蜀汉王朝，与魏国、吴国成三足鼎立之势。

后用来比喻真诚地再三邀请或请教。

sān lìng wǔ shēn
三令五申

春秋时，齐国有位叫孙武的著名军事家，受聘到吴国。吴王阖闾(hé lǘ)要他在宫廷中实践一下，该如何约束军队。孙武把宫中的美女分作两队，由吴王的两个爱妾当队长，进行队列训练。在反复交代之后，他命令队伍向右转，但宫女们不仅没有依令而行，反而哈哈大笑。孙武又“三令五申”了军队纪律和动作要领，然后命令她们向左转，但宫女们仍然只是大笑。于是孙武按军法杀了两个队长。这一下，宫女们听话了，队列训练认认真真，全都符合标准。

比喻再三告诫。

sān rén chéng hǔ
三人成虎

战国时，魏国大臣庞葱陪太子去赵国作人质。临行前，他对魏王说："现在如果有一人说街上有老虎，你相信吗？"魏王回答："不相信。"庞葱又说："如果有两个人说呢？"魏王表示那就要将信将疑。庞葱于是又问："如果有三个人呢？"魏王说："那我要相信了。"庞葱于是说："这说明'三人言而成虎'。现在背后议论我的人不止三个，希望你注意。"庞葱离开魏国后，果然有不少毁谤他的话传到魏王耳朵里。最后，魏王还是相信了这些话，对庞葱产生了怀疑。

我明白了

比喻流言经多人传播，就容易使人相信。

sān shí liù jì， zǒu wéi shàng jì
三十六计，走为上计

南朝齐明帝病重时，会稽太守王敬则起兵反叛朝廷。明帝的次子萧宝卷正在东宫与心腹们商议如何夺位做皇帝，见征虏亭失火，便以为是王敬则领兵杀来，赶紧收拾行装准备逃离。有人把这消息告诉王敬则，王敬则说："名将檀道济率军北征时，认为'三十六策，走是上计'（檀道济曾因战事不利，率全军南还），萧宝卷父子也早就该走了。""三十六策，走是上计"现写为"三十六计，走为上计"。

指陷入困境时，别无良策，一走了之。

sàng xīn bìng kuáng
丧心病狂

南宋奸臣秦桧极力主张投降金国。一次，金国使者来宋，有个叫范如圭的官员见秦桧想让使者住在秘书省（官署名），就极力反对说：“秘书省是机要重地，怎么能让仇敌住。”范如圭还联合其他官员向皇帝写了奏章，抗议秦桧的投降主张。可是这些人因怕受到秦桧的打击，在奏章写好后又退出了。范如圭就单独给秦桧写了封信，信中写道：“公不丧心病狂，奈何如此？”意即：你秦桧如果不是丧尽良心、病得发狂，怎么会干出这种可耻的事情来呢？

比喻丧失理智，荒谬残忍到了极点。

shā jī qǔ luǎn
杀鸡取卵

传说从前有个老太婆养了一只老母鸡，这鸡不光长得肥壮，叫起来好听，还有个特别的珍奇之处：每天下一只金蛋。老太婆每天得到一个金蛋后，就什么都不用去干了，日子过得很不错。可是她很贪心，想得到更多的金蛋，因此常常守候在鸡的身边。但金蛋仍是一天一只，不见增多。老太婆为了取出所有的金蛋，就把鸡杀了。没想到打开肚子一看，一个金蛋也没有，她再也得不到金蛋了。

比喻只图眼前好处，不顾长远利益。

杀人不眨眼
shā rén bù zhǎ yǎn

北宋初年，宋太祖赵匡胤派大将军曹翰率军队渡过长江，进攻九江。曹翰闯到一个寺庙，和尚们都吓得躲起来了，只有老和尚缘德像平时那样稳稳地坐着，对曹翰不理不睬。曹翰大怒，对缘德和尚说：“难道你没听说过宋朝有个‘杀人不眨眼’（杀人时眼睛都不眨一下）的将军吗？”老和尚冷冷地看了他一眼说：“你没听说过这庙里有个不怕死的和尚吗？”曹翰不禁对老和尚的胆量产生了敬意。

形容杀人成性，凶残狠毒。

上下其手
shàng xià qí shǒu

春秋时，楚国进攻郑国，有个叫穿封戌的官员俘虏了郑国守将皇颉（jié）。王子围想争夺这个功劳，请伯州犁来裁决。伯州犁偏袒王子围，在叫俘虏皇颉做证时，巧妙地“上其手”（高举一只手），指着王子围对皇颉说：“这位叫王子围，是我们国君的宠弟。”然后又“下其手”（把手放下来），指着穿封戌说：“这是穿封戌，是我国的一位县尹。他们两人中是谁捉到你的？”皇颉从伯州犁的言语行动中明白了他的用意，便撒谎说：“我是被王子围捉住的。”

后用来指玩弄花招进行串通舞弊。

shě běn zhú mò
舍本逐末

战国时的齐襄王一次派人送信给赵王的妻子赵威后。威后问使者："齐国收成怎样？百姓如何？大王好吗？"使者说："你不先问大王，而先问年成和百姓，这不是先卑贱而后尊贵了吗？"威后回答："如果年成不好，百姓怎么生存？没有百姓，又哪来的君王？我怎么是'舍本而问末者'（不问根本而问枝节）呢！"接着，她又问起齐国贤士钟离子、叶阳子和孝女婴儿子等人的情况。"舍本问末"现用作"舍本逐末"。

意为做事不抓根本，而在枝节上下功夫。

shèn xiāo chén shàng
甚嚣尘上

春秋时，晋、楚两国交战。楚王登上战车前去观察晋军的动态。这时，晋方正四处召集军官到主帅营开会，还搭起天幕举行占卜仪式。楚王远远看到这个景象后，不理解晋军在干什么，旁边的随从一一向他做了解释。接着，楚王又发现晋军"甚嚣，且尘上矣"（人声喧哗，尘土飞扬）。随从解释说，这是他们在填水井，平炉灶，疏通前面道路，准备军事行动了。

原来形容军中喧哗忙乱、尘土飞扬的状态。现在常用来形容某种议论十分嚣张。

shēng táng rù shì
升堂入室

孔子有个叫子路的学生，身强力壮，性格刚勇。一天，他在孔子家里弹琴，乐曲激昂，充满杀机。主张仁道的孔子听后很不舒服，反对子路在自己家里弹。其他学生见老师这种态度，也对子路说三道四起来。孔子于是解释说：子路在音乐方面的造诣已经“升堂”，但还没“入室”。（古代宫室，前为堂后为室。升堂比喻刚刚入门，入室则为更高境界。）“升堂入室”据此而来。

我明白了

比喻人的学识、技能很高。

shēng tūn huó bō
生吞活剥

唐朝初年，河北枣强县有个叫张怀庆的县尉，惯于抄袭名人的诗文。一次，李义府写了一首诗：“镂月成歌扇，裁云作舞衣；自怜回雪影，好取洛川归。”张怀庆把这首诗的每句前加了两个字，成为“生情镂月成歌扇，出意裁云作舞衣；照镜自怜回雪影，时来好取洛川归。”就算是自己的作品了。人们讥讽张怀庆这种惊人的抄袭手段是：“活剥王昌龄，生吞郭正一”。

我明白了

原来指生硬地抄袭他人诗文。现在泛指不切实际、生搬硬套。

shī wèi sù cān
尸位素餐

西汉的朱云文武双全，嫉恶如仇，受到人们的敬重。他曾多次上书汉元帝，抨击丞相韦玄成无所作为。当成帝即位、成帝的老师张禹被任命为丞相时，朱云求见成帝说："现在的朝廷大臣，上不能匡正君主的过失，下不能为民谋利，只为自己的权力地位着想，都是些'尸位素餐'（占据职位，白吃饭不干事）的家伙。"朱云还要求杀了张禹。汉成帝大怒，把朱云抓了起来，准备处死。后来由于别人的求情，朱云才被释放。尸：占据。素：白白地。

原来指官吏空占职位，白受俸禄而不尽职。现在亦用于自谦，表示未尽职守。

shī zhī dōng yú, shōu zhī sāng yú
失之东隅，收之桑榆

刘秀在建立东汉政权后，派大将冯异率军西进，镇压赤眉起义军。赤眉军假装败退，在回溪（地名）大败敌人。冯异逃回营寨后，重新召集散兵，又派人混入赤眉军，然后内外夹攻，在崤底（地名）打垮了赤眉军。事后，汉光武帝刘秀发诏书慰劳冯异，说冯异虽然开始在回溪失利，但最后在渑池一带获胜，这就好比是"失之东隅，收之桑榆"（意为：这里失败，那里取胜）。东隅：东方日出处，也指开始。桑榆：西方日落处，也指最后。

我明白了

比喻开始时（或在这方面、这里）虽有所失，最终（或在另一方面、那里）有所得。

拾人牙慧
shí rén yá huì

东晋时的殷浩学识广博，长于谈论，十几岁就很有名气。他曾被封为建武将军进取中原，因作战失败，被朝廷免去官职，流放到浙江境内的信安。随同殷浩一起到信安的还有他的外甥韩康伯。韩康伯常常打断殷浩的谈话，抢发议论。一次殷浩见韩康伯又在夸夸其谈，就对别人说："康伯未得我牙后慧。"意思是说：康伯连我牙齿后面的污秽还没有得到，就这样乱发议论。"拾人牙慧"由此演变而来。牙慧：比喻别人谈过的话。

比喻拾取或抄袭别人的言论。

世外桃源
shì wài táo yuán

晋朝陶渊明在他的《桃花源记》里讲述了这样一个故事：有一个渔夫，划着小船，顺溪流进入一座桃花林。他穿过迎面一个山洞，发现了另一个天地。这里男耕女织，生活幸福安乐。村里人殷勤招待他，并告诉说：他们的祖先在秦朝时因逃避战乱，来到这里安家落户。一代代下来，与外界完全隔绝了，根本不知道外面世界的变化。临别，村里人叮嘱渔夫："不要对别人说这儿的事。"成语"世外桃源"就根据这个故事概括而来。

我明白了

用以比喻不受外界影响的地方或理想中的美好地方。

shì bù liǎng lì

势不两立

东汉末年，曹操率领几十万大军南下，想一举消灭孙权和刘备。这时的刘备只有两万多兵力，孙权的精兵也不过三万，他们决定联合抗曹。东吴大将周瑜在分析了敌我双方的优劣之后，对孙权说：“给我三万精兵，我保证打败曹操。”孙权采纳了他的意见，并激愤地说：“我与曹操‘势不两立’！”周瑜领兵联合刘备的人马进驻赤壁，用火攻战术大败曹军，奠定了魏、吴、蜀三国鼎立的局面。

我明白了

指双方仇恨很深，不能并存。亦比喻双方矛盾尖锐，不可调和。

shì kě rěn, shú bù kě rěn

是可忍，孰不可忍

春秋末期，季孙氏家族执掌了鲁国朝政大权，曾先后赶跑过鲁昭公、鲁哀公。其中季孙如意自比天子，在家里设置只有天子才能享用的“八佾（yì）”（八行）的大型舞乐队。孔子知道这一情况后，认为季孙如意的做法严重违背了周礼，于是气呼呼地说：“是可忍也，孰不可忍也。”意思是说：如果对季孙如意用八行舞乐队这样的事都能容忍，还有什么事情不能容忍呢！是：这个。孰：哪个。

表示绝对不能忍受。

守株待兔
shǒu zhū dài tù

古时候的宋国，有个人在田里干活时看见一只兔子跑来，撞死在田边的一株树上。这人捡到了死兔，极为高兴，便继续守在那株树边，希望再有兔子撞上来。但左等右等，兔子就是不来。他的愚蠢举动被人当作笑话。成语“守株待兔”据此而来。

我明白了

比喻不知变通或妄想不劳而获。

首鼠两端
shǒu shǔ liǎng duān

汉武帝时，将军灌夫因看不惯丞相田蚡（fén）的为人，就在他的结婚酒宴上借机痛骂。田蚡趁机将灌夫投入监狱，想治他死罪。大臣窦婴上书汉武帝，说灌夫只是酒后失言，不该处死。武帝让窦婴和田蚡当面争辩，同时征求其他大臣的意见。御史大夫韩安国不敢明确表示自己的意见。退朝后，田蚡对同乘一车的韩安国说：“我们共同对付窦婴，你为什么‘首鼠两端’？”首鼠：踌躇不决的样子。

形容瞻前顾后，犹豫不决。

shú néng shēng qiǎo
熟能生巧

宋代的陈尧咨因为箭射得准，很骄傲。一次他把一根很细的树枝射断了，于是就得意扬扬，谁知路过的卖油翁却不以为然地说："这不过是手法熟练些罢了。"说着，从油担上拿过一只葫芦，用一枚铜钱盖在葫芦口上，又用勺子舀了一勺油，高高举起倒下去。只见倒下的油像一条线一样穿钱眼而过，流进葫芦里。勺里油倒空了，铜钱上却一点油渍也没沾上。老翁说："我这也是熟能生巧罢了。"

指做事熟练了，就会掌握窍门。

shǔ diǎn wàng zǔ
数典忘祖

春秋时，晋国大夫籍谈是晋国司典（掌管典籍文物的官）的后代。一次，他出使周朝，没有带去任何贡品。周景王问起这事，籍谈回答说因为周王室从来没有赏赐给晋国什么，所以这次也就不带贡品了。周景王举例说明晋国从祖先唐叔开始，就不断受到周王室赐予的战车、甲胄（zhòu）、美酒等事实，同时责备籍谈身为晋国司典的后代，竟会在谈论史实时，把自己祖先职守内的事都忘掉了，真是"数典而忘其祖"。

比喻忘本或对本国历史的无知。

树倒猢狲散
shù dǎo hú sūn sàn

南宋时，奸臣秦桧当权。与秦桧有亲戚关系的曹咏拼命向他奉承拍马，当上了大官，曹咏的大舅子厉德新对此冷嘲热讽，虽然遭到曹咏的百般威胁刁难，也毫不屈服。后来秦桧死了，迎逢他的党羽们纷纷倒台，曹咏也被贬职到外地。这情形很像一棵大树倒了，依靠这树生活的猢狲也就四处逃散一样。这时，曹咏收到了厉德新寄来的一封信，打开一看，原来是一篇讥讽他的《树倒猢狲散赋》。

比喻有权势者一旦垮台，依附的人随即散伙。

树欲静而风不止
shù yù jìng ér fēng bù zhǐ

春秋时的孔子带学生们出游，忽然听到很悲切的哭声。走近一看，原来是一个叫皋鱼的人在路边哭。孔子下车问他原因。皋鱼回答说："我年轻时酷爱读书，曾到各国游学。回来时，父母已死。我耽误了奉养双亲的机会。这真是'树欲静而风不止'，儿子想奉养父母而父母却去世了。过去的时间追不回来，去世的亲人再也见不到了。我为此很伤心。"

指树要静止，风却不停地刮得它摇动。比喻客观情况与主观愿望相违背。

shuāng guǎn qí xià
双管齐下

唐朝有个名叫张璪（zǎo）的著名画家，所画的山水松石很受人喜爱。他画松树的方法非常特别：能“手握双管”（同时手握两支笔）一支画生支，一支画枯干，画好的松树栩栩如生。这种本领为同代的画家所赞叹。成语“双管齐下”据此而来。管：这里指毛笔。

我明白了

既比喻两件事同时进行，也比喻为了达到某一目的，同时采用两种方法。

shuǐ dī shí chuān
水滴石穿

宋朝时，有个叫张乖崖的崇阳县令，为人清廉正直。一天，他看见一个管钱库的库吏从钱库出来时，将偷出来的一文钱塞进自己的头巾里。张乖崖把他拘押起来，并命令手下人打他。库吏不服气，说：“一文钱有什么大不了的？你竟要打我！”张乖崖一听更火了，提笔批道：“一日一钱，千日一千；绳锯木断，水滴石穿。”意思是说：时间长了，柔软的绳子可以锯断木头，一滴滴的水可以穿破顽石，偷一文钱的小罪也会发展成重罪。大家听了，连连点头。

我明白了

比喻只要坚持不懈，力量虽小也能完成艰巨的任务。

司马昭之心，路人皆知

sī mǎ zhāo zhī xīn, lù rén jiē zhī

三国时，魏国政权逐渐由曹氏家族转到司马家族手中。司马懿杀了曹爽；其子司马师又废了曹芳，另立曹髦为帝；司马师的弟弟司马昭更加专横跋扈，利用手中的权力大肆屠杀曹氏集团中人，并威逼曹髦封他为晋公，阴谋篡夺皇位。曹髦在召集亲信大臣们商议对策时，气愤地说：“‘司马昭之心，路人皆见’，我不能坐受废辱，要讨伐他。”但是曹髦最后被司马昭所杀。“司马昭之心，路人皆见”现写为“司马昭之心，路人皆知”。

比喻人所共知的阴谋、野心。

死不瞑目

sǐ bù míng mù

东汉末年，凉州军阀董卓率兵进入京城洛阳，废汉少帝，另立汉献帝，自任宰相，篡夺了朝廷大权。他的行为引起众人的愤怒，长沙太守孙坚联合江、淮地区的袁术，共同起兵讨伐董卓。董卓派部将李傕前去拉拢孙坚，请求和亲，并对孙坚的儿子孙权封官许愿。孙坚不为所动，反而愤怒地说：“董卓残暴无道，颠覆朝廷，不杀他，我‘死不瞑目’（死了也闭不上眼）。”瞑目：闭眼。

我明白了

原来形容人临死时尚有心事放不下。现在常常形容目的未达到，死不甘心。

sǐ huī fù rán

死灰复燃

西汉景帝时的御史大夫韩安国，有次被捕进了监狱，狱中的看守田甲常常凌辱他。韩安国气愤极了，意味深长地说：“‘死灰’难道不会‘复燃’吗?”田甲说：“再烧起来，我就撒泡尿浇熄它。”不久，韩安国出狱重新做官。田甲非常害怕，只好光着身子前来请罪。韩安国笑着说：“现在死灰又烧起来了，你撒尿吧！”但他最后还是饶恕了田甲。

我明白了

原来比喻失势者重新得势，现在常常比喻已经消灭的恶势力又重新抬头。

sì miàn chǔ gē

四面楚歌

秦朝灭亡后，刘邦的汉军和项羽的楚军争夺天下。楚军后来连连败退，被团团围困在垓（gāi）下这个地方。这时，项羽手下的兵士已经很少，粮食也吃完了。夜里，汉军学唱楚地民歌。项羽及其部下“闻四面皆楚歌”，极为惊恐，以为汉军已攻下了楚地，于是军心更加涣散。项羽带着仅剩的八百将士，逃至乌江边，最后自刎（wěn）而死。

比喻处在孤立无援、四面受敌的困境中。

所向披靡
suǒ xiàng pī mǐ

隋朝末年，山东的杜伏威因不满隋朝的黑暗统治，率领农民起义。他英勇顽强，每次打仗总是冲在最前面。一次，他的前额被敌人的箭射中，他指着射箭的人说："不杀掉你，我就不拔掉此箭。"然后大喝一声，带箭向前冲去，"所向披靡"（所到之处，敌人溃散而逃），终于抓到了那个射箭者。披靡：溃散。

我明白了

指兵力到达之处，敌人望风而逃。比喻无往而不胜。

所向无敌
suǒ xiàng wú dí

东汉末年的曹操在取得了军事上的绝对优势后，为了使孙权服从自己，写信让孙权把儿子送去做人质。孙权接信后举棋不定，手下的官员也意见不一。孙权把周瑜请到自己母亲那里去商议。周瑜坚决反对，他说：现在我们有江东六郡，物产丰富，交通便利，百姓安居乐业，军队顽强善战，"所向无敌"（力量达到之处，没有能抵挡得住的），送去人质只会听任曹操摆布。孙权听取周瑜的意见，拒绝了曹操的要求。

形容强大，无往不胜。

tān shēng pà sǐ
贪生怕死

西汉时，梁王刘立独霸一方，凶狠残暴。大臣们对他稍有不满，就会遭到毒打，甚至杀害。一次他又杀害了一位大臣，汉哀帝不得不派廷尉（官名）大鸿胪去梁国追究此事。刘立看朝廷动了真格，惊恐万分，苦苦求饶说："我'贪生畏死'，希望过了这冬天再给我定罪。"到第二年春天，朝廷进行大赦，刘立逃避了法律制裁，又耀武扬威起来。"贪生畏死"现多作"贪生怕死"。

意为贪恋生存，害怕死亡。

tān tiān zhī gōng
贪天之功

春秋时，晋国公子重耳流亡国外十九年，历尽艰辛。在这期间，介之推一直尽心尽力地跟随着他，并为他回国掌权出谋划策。重耳回国成为晋文公后，分别赏赐和提拔了跟随他流亡的人，却把介之推给忘了。对此，介之推不仅不怨恨，反而谦逊地说："偷人家的东西，还被称之为盗贼。晋文公回国掌权是上天的功劳，我怎么能'贪天之功，以为己力'（把上天的功劳说成是自己的力量）呢？"于是带着母亲隐居去了。

比喻把一切功劳归于自己。

谈笑自若

tán xiào zì ruò

孙权、刘备联军在赤壁之战击败曹操后，乘胜追击。孙权的部将甘宁率军抢占了夷陵。当晚，曹操的部将曹仁率五千人马围困夷陵，并在城外筑起高台，向城中射箭。城内甘宁的军队不过千人，将士们都有些惧怕，只有甘宁“谈笑自若”（有说有笑、态度自然），命令士兵们收捡射来的箭。后来周瑜的援军解了夷陵之围。自若：跟平常一样。

我明白了

指情势异常而泰然处之。

叹为观止

tàn wéi guān zhǐ

春秋时，吴国公子季札出使鲁国。鲁国请季札观赏天子之乐。乐工首先演奏《周南》《召南》，然后是《小雅》《大雅》，再接着是《鲁颂》《商颂》。季札对每种乐舞，都有精到的评论。当演奏到虞舜的乐舞时，季札知道这是最后一个节目了，便非常得体地赞叹说：“太好了！‘观止矣’（就看到这里吧），即便还有别的乐舞，我也不敢再要求看了。”“叹为观止”由此演化而来。

我明白了

现在常用来赞叹所见的事物尽善尽美。

探囊取物

tàn náng qǔ wù

五代时，中原后周有个叫韩熙载的人想投奔到江南的南唐去做官，朋友李谷为他设宴饯行。在饮酒作别时，韩熙载踌躇满志地对李谷说：“如果南唐能让我做宰相，我一定长驱直入、平定中原。”李谷也毫不示弱地回答：“后周如果任用我为宰相，我夺取江南地区就如‘探囊中物’（将手伸到口袋里去掏东西）一样容易。”韩熙载到了南唐后虽然当了官，但没受到重用。而李谷后来被任命为后周的将军，率军进攻南唐，屡战屡胜。“探囊中物”后演化为“探囊取物”。

比喻轻而易举地办成某件事情。

螳臂当车

táng bì dāng chē

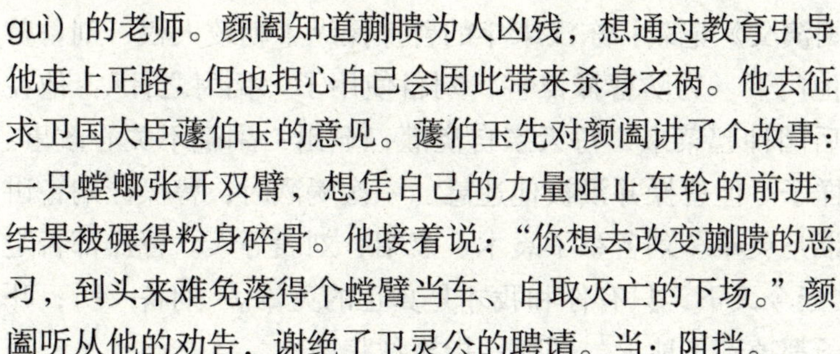

春秋时的卫灵公请鲁国人颜阖做他儿子蒯聩（kuǎi guì）的老师。颜阖知道蒯聩为人凶残，想通过教育引导他走上正路，但也担心自己会因此带来杀身之祸。他去征求卫国大臣蘧伯玉的意见。蘧伯玉先对颜阖讲了个故事：一只螳螂张开双臂，想凭自己的力量阻止车轮的前进，结果被碾得粉身碎骨。他接着说：“你想去改变蒯聩的恶习，到头来难免落得个螳臂当车、自取灭亡的下场。”颜阖听从他的劝告，谢绝了卫灵公的聘请。当：阻挡。

比喻自不量力。

擅长古典人物画的同学，以及平时爱好涂鸦的同学，你们可以模仿书中的插图，发挥想象力，在空白处画出自己对成语的理解哦。

螳螂捕蝉，黄雀在后

táng láng bǔ chán huáng què zài hòu

春秋时的吴王想攻打楚国，还不许别人反对。这时，他手下有个青年人接连三个早晨到后园去，衣服被露水沾湿。吴王问他，他说："后园树上，有只蝉在高唱，却没想到身后有一只螳螂正举起前爪要捕捉它；而螳螂也不知身后还有只黄雀正想要啄食它；黄雀只顾着想吃螳螂，没料到我已在树下用弹弓瞄准了它。它们都是顾前不顾后的。"吴王听了，觉得很有道理，决定停止出兵。

我明白了

形容做事只顾前而不顾后。

韬晦之计

tāo huì zhī jì

据《三国演义》记载：东汉末年的曹操操纵了朝政大权，刘备曾暂时依附在他门下。为防曹操谋害，刘备使用了"韬晦之计"：他在自己住所的后园种起菜来，每天亲自浇灌，显出一副毫不关心政事、胸无大志的样子。但曹操并没被他迷惑。一次喝酒时，曹操让刘备讲讲当今世上谁是英雄。刘备举了袁术、袁绍、刘表等人。曹操都否定了，并说："当今天下，只有你和我才是真正的英雄。"刘备一听，吓得手中的筷子都掉到了地上。韬晦：指掩藏踪迹。

我明白了

指暂时收敛锋芒，隐藏行迹，待机而起的计策。

桃李不言，下自成蹊

táo lǐ bù yán, xià zì chéng xī

西汉名将李广，长期与匈奴作战，立下了赫赫战功。他为人谦逊和善，与士兵同甘共苦，赢得了部下的爱戴。当他死时，全军将士个个痛哭流涕，连许多并不相识的人也为之叹息不已。司马迁在为李广立传时称赞他是“桃李不言，下自成蹊”。意思是说：桃和李因为有芬芳的花朵和甜美的果子，所以它们即便不会开口向人们打招呼，人们也会在树底下走来走去，形成一条小路。李广为人真诚，所以不须自我吹嘘，也能感动别人。蹊：小路。

比喻为人真诚，自能感动别人。亦比喻注重事实，不尚虚声。

天衣无缝

tiān yī wú fèng

传说古代太原人郭翰，因夏夜炎热，独自躺到院子里乘凉。月光下，他仰望天空，忽见一个白衣女子从天上冉冉而降，对郭翰说：“我是天上的织女。”郭翰仔细看那女子，发现她的衣服浑然一体，没有一条缝线，于是问道：“你的衣服怎么没有线缝过的痕迹呢？”女子回答说：“这是‘天衣’，它不是用针线缝的，所以没有缝。”

比喻事物完美无缺，没有破绽。

tóng bìng xiāng lián 同病相怜

春秋时，楚国的伍子胥因为父兄被少傅（官名）费无忌和楚平王害死，逃往吴国。后来，费无忌又设计害死了大臣郤（xì）宛。郤宛的亲戚伯嚭（pǐ）在走投无路时，想到曾和自己处境相同的伍子胥已在吴国受到重用，因而也投奔吴国。伍子胥对伯嚭的遭遇深表同情，当即向吴王阖闾推荐他为大夫。有人因此问伍子胥："你怎么对他如此热心？"伍子胥回答："他和我命运相同。这叫'同病相怜，同忧相救'。"

比喻有同样不幸遭遇的人互相同情。

tòng dìng sī tòng 痛定思痛

元军进犯南宋时，任赣州知府的文天祥组织义军起来抗击。后来，他又受朝廷委派，前去元军营中谈判，结果被扣留。面对高官厚禄的引诱和各种刑具的威胁，文天祥毫不屈服，设法逃了出来。他听说宋恭帝的弟弟赵昰（shì）已在福州即位成宋端宗，就历尽千难万险前去投奔。后来，他把自己写的诗编成集子，取名为《指南录》，并在《后序》中说："痛定思痛，痛何如哉？"表达了他追思当时国破家亡时遭受的痛苦，以激励自己。

指悲痛的心情平静之后，追思当时遭受的痛苦，含有警惕未来的意思。

tù sǐ gǒu pēng

兔死狗烹

春秋时，越国大夫范蠡（lǐ）在越王勾践被吴国俘虏时，劝勾践忍辱投降，伺机反攻。勾践依照他的话去做，最后终于消灭了吴国。这时，作为大功臣的范蠡却放弃官职，去过隐居生活了。他还写了封信给另一大臣文种，警告文种说：“飞鸟射尽了，弓箭就会藏起来不用；‘狡兔死，走狗烹’（兔子打死了，猎狗也会被主人烧熟吃掉的）你快辞官吧。”文种没有听从范蠡的劝告，最后果然被勾践所杀。

我明白了

比喻事情成功之后，把曾经出过力的人抛弃或杀掉。

tuī xīn zhì fù

推心置腹

西汉末年，刘秀把王莽的军队打得大败，又消灭了王郎割据政权，因此被封为萧王。他把投降的敌人全部收编，并让那些将军继续带兵。这些将官心里总不踏实，怕刘秀早晚会收拾他们。刘秀知道他们的疑虑后，叫那些将官仍回各自原来的营寨统帅旧部，而自己只带很少的随从在各营之间巡察、指挥。那些将官看到刘秀把他们当自己人，毫不戒备，就感动地说：“萧王‘推赤心置人腹中’（把他的一颗赤心推置到了我们的腹肚中），我们还能不为他卖命吗！”

比喻真心待人。

tuì bì sān shè
退避三舍

春秋时，晋献公的儿子重耳因避内乱逃到楚国，受到了楚成王的收留和资助。分别时，成王问重耳："要是你有朝一日做了晋国国君，会怎样报答我呢？"重耳回答："你已有了很多奴隶和财富，什么都不缺。要说报答的话，只有一点：万一以后我们两国间发生战争，我会主动先退兵三舍（一舍为三十里）。"后来重耳果然做了晋国国君。不久，晋国因为援助宋国而和楚国打仗，两军相遇，重耳不忘诺言，命令全军连退三舍才停住。

比喻对人让步。

tuò miàn zì gān
唾面自干

唐朝的娄师德曾任御史、侍郎等职。他为人很有度量，当有人冒犯他时，总是主动谦让回避，绝不发怒。后来他弟弟要去代州任太守，前来向他辞行。娄师德教导弟弟遇事要善于忍耐。弟弟回答："如果'人有唾面'（有人往我脸上吐唾沫），我就自己把它擦掉算了。"师德说："你这样还没真正做到忍耐。擦唾沫就等于不让对方发泄愤怒，应该让它'自干'（自己吹干）。""唾面自干"由此而来。

比喻忍受侮辱，不加反抗。

外强中干

wài qiáng zhōng gān

春秋时，秦国攻打晋国。晋惠公骑着一匹郑国出产的马前去迎战。大夫庆郑劝阻说："打仗应骑本国出产的马。因它熟悉地形，又善于理解主人的心意，容易驾驭。别国的马则不然，道路不熟，又不听使唤，遇到意外情况还会畏惧紧张，看上去血脉突起，其实是'外强中干'（外表看来很强壮，内里却已气力衰竭）。"晋惠公不听。后来那匹马果然惊恐失常，最后陷在烂泥坑里，晋惠公也被秦军俘虏。

意为貌似强大，实质虚弱。

万事俱备，只欠东风

wàn shì jù bèi, zhǐ qiàn dōng fēng

东汉末年，曹操率几十万大军南下，前来攻打刘备和孙权，与刘、孙联军隔长江对峙。吴军都督周瑜瞒着诸葛亮，计划用火攻曹军。为此，他设计使曹军的大小船只连为一体，并让黄盖诈降曹军。可是当一切都准备停当时，天上只有方向相反的西北风，偏偏没有急需的东风。周瑜急得吐血，诸葛亮前去看他，写了十六个字："欲破曹公，宜用火攻；万事俱备，只欠东风。"点出了周瑜的心病。周瑜于是按诸葛亮的计策去做，使得火攻成功，曹军败退。

比喻一切都准备好了，只差最后一个重要条件。

wáng yáng bǔ láo 亡羊补牢

战国时，楚国的襄王荒淫无度，置国家大事于不顾。有个叫庄辛的大臣几次向他提意见，都不被接受。庄辛一气之下，出走到赵国去了。秦国趁楚国君臣腐败之际，发兵攻占了楚国国都，襄王被迫流亡。这时，他才懊悔莫及，派人请回庄辛。庄辛对灰心丧气的楚襄王说："亡羊而补牢，未为迟也（羊跑掉后再来修补羊圈，还不算太晚）。"

比喻事情出了差错后及时设法补救。

wàng zì zūn dà 妄自尊大

汉光武帝刘秀刚在洛阳建立起东汉政权的时候，公孙述也在蜀地称帝。有个叫马援的人，仗着自己和公孙述是老相识，前去投靠。哪知公孙述高坐大殿，阶下排列了很多侍卫人员，大摆皇帝架子。马援对此很失望，认为他是井底之蛙，"妄自尊大"，于是转而投奔刘秀。刘秀在廊屋里披着头巾随便坐着和他谈话，丝毫没有架子。从此马援就留下来帮着刘秀打天下。公孙述最后以失败告终。

指没有根据地看高自己，狂妄自大。

wàng chén mò jí
望尘莫及

东汉官员赵咨在任敦煌太守期间，曾推荐一个叫曹暠（hào）的人做官。后来赵咨调往东海（地名）任职，途经荥（xíng）阳时，曹暠闻讯在大路旁迎候。赵咨为了不惊动别人，没有停留，车子很快跑过了。曹暠追至荥阳城外十几里，还是“望尘不及”（只见前面尘土飞扬，却追赶不上）。“望尘不及”现多作“望尘莫及”。

比喻自己远远落在别人后面，追赶不上。

wàng méi zhǐ kě
望梅止渴

东汉末年，曹操带军队攻打张绣。路上，因为断水，全军将士都非常干渴。见此情景，曹操指着前方对部下说：“前面有大片梅林，树上的梅子很多，又酸又甜，可以解渴。”将士们听后，似乎觉得已吃到了那些梅子，嘴里酸得直流口水，感觉不到口渴了。部队趁这机会，继续赶路，终于来到有水的地方。成语“望梅止渴”据此故事而来。

比喻用空想来自我安慰。

危如累卵

wēi rú lěi luǎn

春秋时的晋灵公要建造一座九层高台，还下令："谁要劝谏我，就杀他的头！"大臣荀息灵机一动，去给晋灵公表演一个小把戏。他把十二颗棋子堆起来，搭成一个平台，再把五个卵（蛋）竖立在棋子上面，然后又要把另外四个卵累（堆放）在那五个卵上面。晋灵公看了惊叫起来："危险！危险！"荀息于是说："建造九层高台使国库空虚，百姓怨恨，一旦别国前来侵犯，就会国破家亡。所以它比累卵更危险。"晋灵公觉得荀息言之有理，就下令停止筑台。

我明白了

比喻情势极其危险。

韦编三绝

wéi biān sān jué

孔子好学，在晚年又开始研读《易经》。由于《易经》是部很难读懂的古书，孔子虽然对它感兴趣，却不易理解。他一遍不懂，就反复再读，直到读通为止。翻卷的次数多了，以致"韦编三绝"（编联竹简的皮带也多次断绝）。由于功夫深，孔子对《易经》有了较深的研究，并写了十篇研究文章（即《十翼》）。后人把《十翼》和《易经》附在一起，作为《易经》的补充部分。韦：熟牛皮。古代人把书写在竹简上，再用牛皮带编联起来，称"韦编"。

我明白了

比喻读书刻苦勤奋。

围魏救赵

wéi wèi jiù zhào

战国时，魏国军队在大将庞涓的率领下，围攻赵国都城邯郸。赵国急忙向齐国求援。齐威王命田忌为大将、孙膑（bìn）为军师率兵救赵。孙膑看到魏国的主力部队都在攻打赵国，国内力量空虚，就直接率军围攻魏国都城大梁。魏军闻讯，急忙放弃赵国，回救大梁。部队行至桂陵（地名），遭到严阵以待的齐军的截击，结果溃败不堪。

指袭击敌人后方，以迫使进攻之敌撤回的战术。

尾大不掉

wěi dà bù diào

春秋时的楚灵王贪图享受，把兵权交给了弟弟弃疾。弃疾率军消灭了陈国和蔡国后，灵王随即封弃疾为蔡公，管理蔡国。这时，大夫申无宇劝谏说：“千万不能把弃疾封在外地。如果他的力量一增大，你就不好对付了。这是‘尾大不掉’的道理。”灵王没听从他的意见。后来，弃疾趁灵王出兵攻打徐国的机会，率军冲入楚都郢城，杀死了灵王的两个儿子，另立国君。灵王听说这一消息后，上吊自杀。

掉：摆动。

我明白了

比喻部下势力强大，不易指挥调度。亦比喻机构庞大、涣散，以致指挥不灵。

wěi mǐ bù zhèn
萎靡不振

北宋徽宗时，金兵南下，大举进犯，占领了北方大片领土。宋徽宗昏庸无能，听说金兵打到京城附近，吓得不知所措，朝廷上下也都乱了套。这时有个叫杨时的大臣对大家说：现在的形势就好像干柴堆着了火，十分危急。朝廷应当振作精神，拿出抗金的信心来，才能鼓舞士气。如果怯懦慌张，“萎靡不振”，那么宋朝的江山就没指望了。杨时同时还提出了一些抗金措施，促使朝廷备战抗金。

指意志消沉，精神不振。

wèi néng miǎn sú
未能免俗

晋朝的阮咸和阮籍超脱放达，不拘礼法，但都很穷。他们住在路的南边。其他的阮姓族人住在路的北面，都很富有。七月七日，当地有晒衣服的习俗。北边的阮姓人家晒出了绫罗绸缎制成的衣服。南边的阮咸也在竹竿上挂起了一条大裤衩。路人感到奇怪，就上前询问。阮咸回答说：“我‘未能免俗’（没能摆脱世俗），但又没什么可晒，只得弄条裤衩凑合一下。”

意为没能摆脱社会习俗。

wèi rú jī lèi
味如鸡肋

东汉末，曹操率军队攻打汉中，但久攻不下，曹操为此伤透了脑筋。一天，他给军队出个口令叫“鸡肋”，主簿（官名）杨修马上收拾行李，提前做好了撤退的准备。别人感到很惊奇，问杨修：“你怎么知道我们要离开这里了？”杨修说：“鸡的肋骨吃起来没有什么味道，扔掉了又可惜，我看主上是用鸡肋来比喻汉中，就知道他要退兵了。”

我明白了

比喻对所做之事没多大兴趣或事情得益不大。

wén bù jiā diǎn
文不加点

南朝梁时的中书郎（官名）刘孺才思敏捷。一次他为梁武帝写《李赋》，诏命一下，便即刻“文不加点”（文章不经修改）地完成了。武帝大为赞赏。后来刘孺和其他大臣陪同武帝在寿光殿饮宴。因为酒喝醉了，他和善于写文章的张率都没能立即应诏赋诗。武帝取过刘孺的笏板（古代臣子上朝时记事备忘的手板），题诗取笑说：“张率东南美，刘孺洛阳才，揽笔便应就，何事久迟回（为何长久迟疑不决，写不出诗来）？”点：涂改。

形容才思敏捷，下笔成章。

wén jī qǐ wǔ
闻鸡起舞

东晋名将祖逖（tì）和刘琨（kūn），年轻时情同手足，连晚上也同一床被头睡觉。两人都抱有远大理想，立志要为保卫国家、抵御外敌入侵出力。祖逖每当在半夜“闻荒鸡鸣”（听到荒鸡啼叫），就踢醒刘琨，一同“起舞”（起床舞剑），练习杀敌本领。后来，祖逖在外敌入侵时，主动领兵北伐，收复了黄河以南的大片失地，使北方的敌人一时不敢再过黄河。“闻荒鸡鸣……起舞”现简化为“闻鸡起舞”。

我明白了

本意为听到鸡鸣，就起床舞剑。比喻有志向的人及时奋发。

wò tà zhī cè，qǐ róng tā rén hān shuì
卧榻之侧，岂容他人鼾睡

宋太祖赵匡胤在建立北宋王朝后，着力于消灭地方割据势力。当南汉、后蜀等政权被消灭后，赵匡胤又派大将曹彬等率大军进攻南唐都城金陵。南唐后主李煜急忙派大臣徐铉到汴京去见宋太祖，表示愿意向北宋俯首称臣，只求不要把南唐给灭了。徐铉说：“南唐侍奉北宋就像儿子侍奉父亲一样，你们为什么还要攻伐呢？”赵匡胤回答：“南唐是没什么过错，但天下本是一家，我的‘卧榻之侧，岂容他人鼾睡’呢！”不久，北宋就彻底消灭了南唐。

我明白了

本意为不容许别人在自己的床铺旁边呼呼大睡。比喻不许别人侵犯自己的利益。

卧薪尝胆
wò xīn cháng dǎn

春秋时，吴国攻打越国，越王勾践兵败投降，被带到吴国受尽折磨和凌辱。勾践被释放回国后，为了坚定自己的复仇意志，甘愿过艰苦生活。他拿柴草当褥子，在睡觉和坐的地方挂上苦胆，每天去尝胆汁。他还同妻子一道干活劳动，和百姓同甘共苦。由于全国上下齐心协力，越国最终消灭了吴国。“卧薪尝胆”根据勾践的故事而来。薪：柴草。

比喻刻苦自励，艰苦奋斗，发愤图强。

无出其右
wú chū qí yòu

西汉初年，高祖刘邦路过赵国都城邯郸，对赵王张敖横加指责。赵国宰相贯高和赵午想杀掉刘邦，结果被人告发。贯高虽在狱中受到严刑拷打，但始终咬定自己是主谋，与张敖无关，最后自杀身亡。刘邦因赞赏贯高的人品，就召见田叔、孟舒等赵国大臣。交谈后，刘邦感到汉朝的朝廷大臣在德才上“无能出其右者”（没有能超出他们的），于是把他们全部任命为郡守和诸侯的宰相。右：古代表示高、上、尊。

意为没有人能超出他（他们）的。

无能为力
wú néng wéi lì

春秋时，秦国和晋国联合攻打郑国，形势非常危急。郑文公召集大臣们商议对策。大夫佚之狐向郑文公推举一个名叫烛之武的官员，认为他可去劝说秦国退兵。当郑文公召见烛之武时，烛之武推辞说："臣之壮也，犹不如人。今老矣，无能为也已。"（意思是说：我年轻力壮时都不如人家，现在老了，就更无能为力了）。"无能为力"据此演化而来。

意为没有力量或力不能及。

吴牛喘月
wú niú chuǎn yuè

晋朝官员满奋很怕风。一次，他在拜见晋武帝司马炎后坐在一旁，看北面的窗子有空隙，顿时感到一阵凉风吹来，但在皇帝面前又不敢随意躲开，脸上露出很为难的神色。司马炎察觉后，笑着告诉他说：那窗子是用透明的琉璃做挡风屏的，看上去似乎漏风，实际上严密得很。满奋不好意思地回答说："吴地的水牛因惧怕酷热的太阳，'见月而喘'（连看到月亮都会急剧喘气）。我因太怕风了，所以过于疑心害怕。"

比喻害怕类似的东西。

wǔ shí bù xiào bǎi bù

五十步笑百步

战国时，梁惠王虽然比较能关心百姓疾苦，但常常为一点小事情就和别国打仗，使许多百姓死于战争。一次，他对孟子说：“我对百姓算是尽心尽力了，可是为什么邻国的百姓不见减少，我国的百姓不见增多呢？”孟子打个比方回答说：“打仗时，同样是逃兵，如果‘以五十步笑百步’（逃五十步的人讥笑逃一百步的），对吗？”梁惠王认为不对。孟子于是指出，梁惠王与邻国国王相比，也就是五十步和一百步的区别罢了。

我明白了

比喻问题的实质相同，只在程度上略有差别。

wù yǐ lèi jù

物以类聚

淳于髡（kūn）是战国时齐国的辩士。一次齐宣王要他去物色人才，想不到他一天之中就向宣王推荐了七位贤士。宣王惊奇地问：“我听说方圆千里能找出一个贤士，贤士就如同并肩而立一样多了。可是你现在一家伙给我推荐了七位，这贤士不就显得太滥了吗？”淳于髡答道：“如同鸟兽草木同类相聚一样，人也以类聚。因为我本身也是贤士，所以寻找贤士就好像到河里打水、用火石打火一样容易。我还可推荐更多的贤士呢！”

意为同类的东西常聚在一块。现在常常指坏人间臭味相投，互相勾结。

xí bù xiá nuǎn
席不暇暖

东汉的陈蕃出任豫章太守时，听说当地有位名叫徐稺（zhì）的贤士，便一到任就要去拜访。前来迎候的官员们劝陈蕃先把家安好，过几天再去看徐稺也不晚。陈蕃说：“以前周武王灭商后，‘席不暇暖’（席子都没来得及坐暖），就去拜见贤士商容。我现在礼贤下士，又有什么不可以呢？”他在向别人打听了徐稺的住处后，就前去拜访了。

现在形容事情繁忙。

xiān fā zhì rén
先发制人

秦朝末年，陈胜领导农民起义，反抗秦朝的罪恶统治。消息传来，会稽太守殷通请当地较有威望的项梁来商讨国内形势和自己的出路。项梁分析说：现在长江以北都已开始反叛秦朝，这正是上天要灭秦的时候。“先发制人”（谁先发动反秦，谁就可以取得制伏别人的权力），否则，就要受制于人。谈话中，项梁见殷通无能，就约了侄子项羽杀死殷通，率领八千官兵，宣布起兵反秦。

指先动手的一方处于主动地位，可以控制对方。

先见之明

xiān jiàn zhī míng

东汉末年，杨彪的儿子杨修做了曹操的主簿（官名）。起初曹操还器重他，但因为杨修聪明过人，又是袁术的外甥，还帮曹植争夺太子地位，使曹操感到不除掉他会给自己留后患，于是借故杀了杨修。后来曹操见到杨彪，问道："你怎么会瘦得那么厉害？"杨彪回答说："我很惭愧没有金日磾那样的'先见之明'（汉代金日磾曾杀了有不轨行为的儿子），还怀着像老牛用舌头舔小牛身体似的父爱。"曹操听后尴尬得说不出话来。

形容预见事物发展趋势的眼力。

项庄舞剑，意在沛公

xiàngzhuāng wǔ jiàn, yì zài pèi gōng

楚汉相争期间，刘邦（沛公）带着一百多人到鸿门（地名）去见项羽。项羽宴请刘邦。他的谋士范增想趁此机会除掉刘邦，因此几次向项羽暗示，但都没有反应。范增便把武将项庄找来，叫他到酒席上舞剑，伺机杀掉刘邦。刘邦的谋士张良看出范增的用意，跑到营里告诉樊哙说："今者项庄拔剑舞，其意常在沛公也。"（意思是说：项庄舞剑的用意在于趁机刺杀沛公。）然后他们安排对策解救了刘邦。

比喻表面上这样做、这样说，实际上却怀有恶意。

萧规曹随
xiāo guī cáo suí

汉高祖刘邦在建立西汉王朝后，萧何做了丞相。他根据秦朝的法典和刘邦的约法三章，制定了一些法令、法规，对西汉政权的巩固发展起到很大作用。萧何虽然与曹参在封赏时有过隔阂，但他在临死前仍向汉惠帝推荐曹参接任丞相一职。曹参做丞相后，继续按萧何制定的政策法令办事，没作什么变更。所以西汉的扬雄称之为“萧（何）规（法规、法令）曹（参）随（跟随、遵循）”。

比喻按前人的成规办事。

心腹之患
xīn fù zhī huàn

春秋时，吴王夫差准备攻伐齐国，越王勾践特地赶来送厚礼。吴国大夫伍子胥认为勾践是在麻痹吴国，对夫差说：“即便我们打败了齐国，也没有多大的意义。越国的存在，才是吴国的‘心腹之疾’（心腹中的病）啊。”主张先消灭越国。但夫差不但不听忠告，反而听信谗言杀害了伍子胥。果然，几年后越国趁吴国北上伐晋、国内空虚之际，发兵五万，最终打败了吴国。“心腹之疾”现在写作“心腹之患”。

比喻隐蔽在内部的严重祸害。

心怀叵测
xīn huái pǒ cè

东汉末年，东吴大将周瑜死后，曹操准备率兵南征，攻打孙权与刘备，但又怕凉州太守马腾会乘虚前来袭击都城许昌。谋士荀攸设计让曹操以封马腾为征南将军的名义，把他骗到许昌杀掉。马腾接到曹操的信后，与儿子、侄儿们商议对策。长子马超认为可以去，侄儿马岱劝阻说："曹操'心怀叵测'（居心难测），叔父如果前往，恐怕会遭其谋害。"马腾不听劝告，还是带着儿子马休等人去了，结果被曹操设计杀害。叵：不可。

指居心险恶，难以猜测。

信口雌黄
xìn kǒu cí huáng

晋朝的王衍年轻时喜欢清谈，后来做太子舍人、中书令、司徒、司空等官后，又崇拜老子、庄子，除研究外，还到处宣讲。他在讲老、庄的玄妙哲理时，手里总是拿着一把拂尘，不慌不忙，侃侃而谈。即便讲错了，也随口改正。于是人们说他："口中雌黄。"雌黄：一种矿石。古代人用黄纸写字，写错了就用雌黄涂抹改正。

比喻信口开河，随便更改。

行尸走肉
xíng shī zǒu ròu

东汉的任末读书刻苦，十四岁起就身背书箱，不畏山高路险地四处拜师求学。他说："如果不学习，就会一事无成。"为读书，他在树林里搭了间茅屋，削荆木做笔，取树汁为墨。读书一有所得，就记在自己的衣服上。他的学生们常以自己的干净衣服与他交换。任末临死时告诫学生们说："一个人只要肯学，即便死了还跟活着一样；而不肯学习的人，只能称之为'行尸走肉'（活死人）。"行尸：会走动的尸体。走肉：会走动而没灵魂的肉体。

我明白了

比喻庸碌无为，毫无生气的人。

幸灾乐祸
xìng zāi lè huò

春秋时，晋国遇灾荒，秦国支援了一大批粮食。当第二年秦国发生饥荒时，晋国却不肯支援。晋大夫庆郑劝谏国君说："幸灾不仁（我们对秦国的荒灾感到庆幸，是不仁的）。"另外，周王朝有几个大臣阴谋叛乱，利用庄王的小儿子子颓年幼无知，拥立他为王，以赶走周惠王。子颓不知灾难就要来临，竟天天沉湎于歌舞享乐中，被人称为"乐祸"（祸事临头，却还作乐）。"幸灾乐祸"由上述两个故事概括而来。

我明白了

意为别人遭受灾祸，自己反而高兴。

xiōng yǒu chéng zhú
胸有成竹

宋朝有位叫文与可的画家，平生最爱画竹。他在住宅前栽了很多的竹子，每天仔细观察、琢磨竹子在各个季节、各种气候里的变化和姿态。时间一长，他在下笔前，要画什么竹子、该怎样构图，就都心中有个模样了，因此一下笔就能很快画出各种各样的竹子来。所以朋友们说文与可画竹时，“成竹已在胸”（心里已有竹子的形象）。“成竹在胸”常写作“胸有成竹”。

比喻在事前对所要做的事已有全面考虑。

xiōng yǒu jiǎ bīng
胸有甲兵

北宋时期，地处西北的党项族立国号为夏，经常侵犯内地。当镇守延州的振武将军范雍被夏兵击败后，朝廷派范仲淹前去统领延州，抵御夏人入侵。范仲淹就任后，训练军队，养兵蓄锐，严阵以待来犯之敌。夏人闻讯很害怕，互相告诫说：“不可侵犯延州。现在的小范老子（指范仲淹）‘腹中自有数万甲兵’（胸中藏有好几万甲兵），不比大范老子（指范雍）可以欺负啊！”“胸有甲兵”据此变化而来。甲兵：身披铠甲的士兵。

比喻具有雄才大略。

xiū qī xiāng guān
休戚相关

春秋时，周国贵族单襄公有个下属叫姬周，原是晋国人，因受晋厉公的排斥而跑到周国。他虽身在异国，却仍非常关心自己国家的事情。当听到晋国一些使人担忧的消息后，他整日忧心忡忡；而听到可喜的事情就兴高采烈。单襄公对此十分赞赏，甚至病重时，还特意嘱咐他的儿子顷公说："姬周能够和他的祖国共'休戚'（共享欢乐和忧愁），不忘本，将来回到晋国一定会得人心的，你要好好待他。"休：欢乐。戚：忧愁。

指共享欢乐与痛苦。形容彼此间关系密切，利害一致。

xiū yǔ kuài wǔ
羞与哙伍

樊哙与韩信都是汉高祖刘邦的得力大臣。樊哙勇猛异常；韩信足智多谋。但韩信不大看得起樊哙，认为他只是个粗人。西汉王朝建立后，樊哙被封为"舞阳侯"，大将军韩信先是被削去兵权，改封为"楚王"，后又贬为"淮阴侯"，与樊哙同级。一次，韩信偶过樊哙门前，樊哙仍像原来对待大将军一样，跪拜迎接。双方略谈几句，韩信便匆匆告别，出门后感慨地说："想不到我竟与樊哙这样的人为伍。"成语"羞与哙伍"由此故事引申而来。

指以跟某人做伙伴为羞耻。

xū yǒu qí biǎo
虚有其表

唐朝的萧嵩体态魁伟，还长着一把漂亮的胡子，被唐玄宗李隆基任命为中书舍人（官名）。玄宗非常赏识工部侍郎苏颋（tǐng），想提拔他做宰相，于是连夜把萧嵩叫来起草诏书。诏书写好后，玄宗发现文句不够严密，并且其中有一句是“国之瑰宝”，而苏颋的父亲叫苏瑰。为了避讳，玄宗让萧嵩做些改动。萧嵩汗流浃背，改了半天，也只是把“国之瑰宝”改为“国之珍宝”，其他都没动。唐玄宗生气地把诏书扔到地上，说萧嵩只是“虚有其表”。

指外表好看，没有实在内容。

xuán liáng cì gǔ
悬梁刺股

汉朝的孙敬刻苦好学，每天一早起来就读书，直至深更半夜，因为疲劳瞌睡，会不知不觉打起盹来。他就把绳子的一头悬在屋梁上，一头系着头发。这样，一打盹，头皮就会被扯痛。他后来终于成为儒学大师。另外，战国时的苏秦因为游说秦国失败，家里人不理他，就发愤自学，每当瞌睡，就拿锥子刺自己的股（大腿），直至鲜血淋漓。后来他成为有名的纵横家。“悬梁刺股”根据孙敬和苏秦的读书故事而来。

形容刻苦自学。

xún zhāng zhāi jù
寻章摘句

三国时，刘备的蜀军攻打东吴。吴主孙权见刘备来势凶猛，急忙派使者赵咨前去见魏文帝曹丕，想取得魏的支持。曹丕问赵咨："吴主人怎样？他读书吗？"赵咨回答说："我们吴主只要稍有空闲，就博览群书，领会其精神实质。不像普通读书人只知道'寻章摘句'。"魏文帝于是以皇帝名义封孙权为吴王，同时表示愿意帮助他抵抗刘备。

我明白了：指读书时只摘记一些片言只字，而忽略整个内容体系。亦指套用前人章法、语句，没有创造性。

xùn léi bù jí yǎn ěr
迅雷不及掩耳

东汉末年，曹操率军与韩遂、马超在潼关附近交战。韩遂、马超凭借自己的战略优势，向曹操提出割地讲和的要求。曹操表面上顺着他们，使对方感到稳操胜券而毫不防备，暗地里则借此机会积蓄兵力，然后突然袭击，以"疾（迅速）雷不及掩耳"（指雷声来得很快很猛，使人来不及捂住耳朵）之势打得韩遂、马超措手不及，大败而逃。

我明白了：比喻来势迅猛，使人措手不及。

睚眦必报

yá zì bì bào

战国时，魏国的范雎（jū）被中大夫（官名）须贾诬告私通齐国，受到宰相魏齐的毒打。他装死逃脱后，当上了秦国的相国，不久，又说动秦昭王攻打魏国。当须贾前来求和时，范雎当面羞辱他，并让魏国把魏齐的头送来。魏齐闻讯逃往赵、楚等国，最后走投无路，被迫自杀。《史记》因此评价范雎是“睚眦之怨必报”。“睚眦必报”由此而来。睚眦：瞪眼怒视，借指极小的怨恨。

意为极小的怨恨也一定要报复。

言过其实

yán guò qí shí

三国时，蜀国的马谡熟读兵书，喜欢谈论用兵作战等军事理论，受到诸葛亮的器重。刘备临死时，曾告诫诸葛亮说：马谡“言过其实，不可大用（言语浮夸，超过实际本领，不能派大用场）。”但诸葛亮不以为然，当魏军前来进攻军事要地街亭时，竟派马谡去防守。结果马谡因死照书本教条，被魏军先锋张郃（hé）击败，街亭失守，使蜀军危险万分。诸葛亮不得不按照军法斩处了马谡，痛悔自己没有听取刘备的告诫。

现在指说话夸大，不合实际。

眼中钉

yǎn zhōng dīng

五代后唐的宋州节度使赵在礼倚仗自己是皇亲，肆无忌惮地欺压百姓。老百姓敢怒不敢言。后来赵在礼要调到永州去了，宋州百姓闻讯奔走相告，高兴地说："眼中拔钉，岂不乐哉（我们眼中的钉子拔去了，真叫人高兴）!"不料这话传到了赵在礼耳中。为了打击报复，他要求继续留在宋州。皇帝以为宋州百姓挽留他，就同意了他的请求。谁知赵在礼一留任，就下令所有百姓每人交一千文钱的"拔钉费"，违者处死。宋州百姓的苦难更深重了。

比喻最痛恨的人。

偃旗息鼓

yǎn qí xī gǔ

东汉末年，曹操军队在汉水北山脚下搬运粮草，刘备的老将黄忠带兵前去抢夺，被曹兵围困。刘备手下的另一将军赵云带领几十名骑兵前去救援，所到之处，曹军纷纷败退。曹操见此情景非常恼火，亲自率大军追击赵云。赵云跑回营寨后，反而命令部下大开寨门，"偃旗息鼓"（放倒军旗，停击战鼓）。自己独自骑着马，提着枪，站在营寨门口。曹操一看，怀疑赵云有伏兵，连忙撤退。

原来指隐蔽目标，迷惑敌人。现在常常比喻休战或停止做某件事。

yǎng hǔ yí huàn
养虎遗患

秦朝灭亡后，项羽的楚军和刘邦的汉军争夺天下。后来，双方谈判立约：愿以鸿沟为界，互不侵犯。按照条约，项羽率军东退。这时，谋士张良、陈平等对刘邦说："楚军现在既疲劳又没粮食，这是老天要他们灭亡的大好时机。你如果不趁机消灭楚军，就好比'养虎自遗患'（养了一只老虎，留下后患），会后患无穷的。"刘邦听后，违约追击楚军。最后项羽兵败自杀。

比喻纵容敌人，自留后患。

yāo chán wàn guàn
腰缠万贯

从前，有四位朋友聚在一道，述说自己的愿望。第一位说：他想做官，成为扬州刺史；第二位说：他希望有很多很多的钱，成为富翁；第三位对升官发财都没兴趣，喜欢过逍遥的生活，所以只愿自己能骑着鹤在天上自由自在地飞；最后一位对前面三人的愿望都很感兴趣，一样也舍不得放弃，就说：他的理想是"腰缠十万贯，骑鹤上扬州（当刺史）"。"腰缠万贯"由此简化而来。

形容随身携带财物极多。

要言不烦
yào yán bù fán

三国时，魏国的管辂（lù）对《易经》很有研究。吏部尚书何晏曾请他和另一位尚书邓飏（yáng）一起到家做客。何晏说自己读《易经》时有九个问题搞不懂。管辂一一做了解释。何晏听后，称赞管辂对《易经》的研究是举世无双的。这时一旁的邓飏对管辂说：“你既精通《易经》，为什么谈吐中一句也不涉及《易经》中的辞义呢？”管辂回答：“精通《易经》的人是不谈论《易经》的。”何晏含笑称赞管辂说：“真是‘要言不烦’啊。”要：简要。

指说话简明扼要，一点不啰唆。

叶公好龙
yè gōng hào lóng

传说春秋时，有位叫叶公的非常喜欢龙。他的屋梁、柱子和门窗上都雕刻着龙的图案，墙上绘着龙，连衣服被帐也绣上了龙。天上的真龙知道此事后，专程到叶公家里拜访，龙头伸进窗户，龙尾绕到了客堂。不料，叶公看到真龙，吓得魂不附体，连忙钻到桌子底下去。原来他并不真正喜欢龙。他爱的只是假龙啊！

比喻表面上爱好某一事物，实际上并不是这样。

yè láng zì dà

夜郎自大

西汉时，我国的西南地区有一个夜郎国。它的面积只相当于汉朝的一个县。可是那里的国王却不知天高地厚，以为自己的国土很大。一次，汉朝的使者来访问他时，他竟问汉朝使者：“汉朝地方和夜郎比起来，哪一个大？”面对这个孤陋寡闻、妄自尊大的人，使者真不知该怎么说才好。“夜郎自大”据此而来。

我明白了

比喻学识浅薄又妄自尊大。

yī bài tú dì

一败涂地

秦朝末年，爆发了大规模的农民起义，反抗秦朝的残暴统治。这时，沛县的民众杀了县令，开城迎接起义军进城，并请起义军首领刘邦做县令。刘邦说：“现在天下形势很复杂，如果对县令的人选安排不当，就会‘一败涂地’（一旦失败，会肝脑涂地），不可收拾。请你们选一个比我更合适的人吧！”但最后还是由刘邦做了县令。

原来是指一经战败，就要肝脑涂在地上。现在用来形容彻底失败而不可收拾。

yī bǐ gōu xiāo
一笔勾销

北宋的范仲淹担任参政（官名）时，着眼于整顿官吏。他让人取来各州郡官吏名册进行查核，每当在这上面看到一个不称职的官吏，就把他的名字“一笔勾之”（把名字一笔勾销），革他的职。枢密使富弼对范仲淹说：“你只要一勾了事，可是被革职的官吏一家却会因此而悲哭的。”范仲淹回答说：“他一家哭，总比他治下的那一路百姓都哭好一些吧。”“一笔勾之”现用作“一笔勾销”。

比喻取消、否定事物。

yī bù zuò, èr bù xiū
一不做，二不休

唐朝德宗时，朱泚（cǐ）率兵反叛朝廷，他的部将张光晟（chéng）也跟着一起叛乱。当朱泚发兵包围奉天（地名）时，张光晟乘势反戈，派兵前去攻打朱泚，并杀了逃跑中的朱泚，以为能将功抵罪，免去死罪。殊不知，张光晟最后还是被处死。临死前，他悔恨地说：“传语后人：第一莫作，第二莫休。”意思为：对反叛朝廷这种事首先不要去做，如果一旦做了，就一定要做到底，千万不要中途罢休。

现在指事情既然做了，就索性做到底。

yī fàn qiān jīn

一饭千金

汉高祖刘邦的大将军韩信，少年时因家境贫寒，吃不饱，常去淮阴城河边钓鱼。那里有很多妇女在漂洗棉絮，其中一位老妇人见他饿得面黄肌瘦，就给他饭吃，一连几十天都如此。韩信非常感激，说："以后我一定好好报答你！"当他帮助刘邦取得天下、被封为楚王后，不忘诺言，专程寻找到那位老妇人，送给她千金，以报答当年舍饭之恩。

我明白了

比喻受人之恩而给予厚报。

yī gǔ zuò qì

一鼓作气

春秋时，有一次齐国和鲁国交战。当齐军打过第一通鼓的时候，鲁庄公也准备下令擂鼓冲击，但被大将曹刿（guì）阻止了。一直等到齐军擂过第三通鼓。曹刿才让鲁军擂鼓发起攻击。结果是齐军被打得大败。事后，曹刿对鲁庄公说："打仗靠的是勇气。'一鼓作气'（第一次击鼓时，士兵的勇气大大振作），第二次就要差一些，到第三次击鼓时几乎已没有勇气了。当敌人已没有勇气，而我军勇气正高涨时，才是取胜的最好时机。"

后来用以形容鼓足干劲，在短期内把事情做好、做完。

yī jiā zhī yán
一家之言

西汉的司马迁曾游历过东南、西南地区。所到之处，他访寻古迹，调查研究历史事件和历史人物。虽然他后来因为替投降匈奴的李陵说情，被汉武帝关进监狱，处以“腐刑”，但司马迁忍辱负重，坚持写完《史记》。在这部历史巨著中，他记述了从黄帝到汉武帝的三千多年历史，研究自然和社会的关系，寻求社会变迁的原因，对历史人物和事件都表示了自己的见解，使《史记》成为“一家之言”（有独到见解、自成体系的学术论著）。

形容著书立说有自己独到的见解。

yī míng jīng rén
一鸣惊人

春秋时的楚庄王起初沉溺于酒色，不好好治理国家。有个叫申无畏的大臣去见他，话中有话地说：“有这样一只大鸟，它到楚国山上已三年了，但不飞也不叫。不知这是什么鸟？”庄王知道申无畏是在讽谏自己，便回答说：“这是只极不平常的鸟。它虽然三年不飞不鸣，但它一飞必定直冲云天，一鸣必定惊人。”后来大夫苏从又去见楚庄王，终于用道理说服了他，使他励精图治。楚国因而成了南方最强大的国家。

比喻一个平时默默无闻的人突然做出惊人的成绩。

一木难支 (yī mù nán zhī)

西晋车骑将军贾充在晋武帝面前进谗言，说吏部尚书任恺生活奢侈，并私藏皇上用的器皿。武帝因此撤了任恺的官职。任恺有理难辩，就自暴自弃，真的过起豪华奢侈的生活来了。晋武帝完全对他失去了信心。有人问任恺的好友、中书令和峤，为什么不帮任恺一把？和峤回答说：任恺的处境就像将要倒塌的北厦门，“非一木所能支”(不是一根木头可以支撑得住的)。

比喻一个人的力量不能挽回崩溃的形势。

一曝十寒 (yī bào shí hán)

战国时，齐宣王昏庸无能，不能好好治理国家，却常常被宫中的坏人所利用。孟子游历到齐国时，对此也无能为力。有人就责怪孟子没有好好规劝齐宣王，孟子回答说：“天下虽有一些很容易生长的东西，可是如果‘一日暴之，十日寒之’(把它们在阳光下暴晒一天，却又放在寒冷的地方冻上十天)，它们还是会死的。我平时规劝宣王的机会少，而宫中的坏人却一天到晚围着他。这样，我还能有什么办法使他明智起来呢?”“一日暴之，十日寒之”现简化为“一曝十寒”。

我明白了

比喻工作、学习没有恒心，有时努力一阵子，又懈怠下来。

一丘之貉

yī qiū zhī hé

西汉的杨恽（yùn），为官正直清廉，对官场的腐败现象深恶痛绝。他听到匈奴人说，他们的单（chán）于（匈奴人对国君的称呼）被国人杀了，便说：做君王的如果不听忠告，就会得到这样的下场。以前秦二世由于听信谗言，诛杀忠良，终于落得身死国亡。如果他能够亲近贤臣，他的国家便可以一直存在到现在。总之，古代的帝王和今天的帝王都“如一丘之貉”（像同一山丘里的貉一样），毫无差别。

我明白了

原来指都是同类，并无差别。现在用来比喻都是一样的货色。

一去不复返

yī qù bù fù fǎn

战国末期，燕国的太子丹在秦国做人质，受到凌辱虐待。他逃回燕国后，立志复仇，决定派一个叫荆轲的武士到秦国去刺杀秦王。由于此行凶多吉少，因此荆轲临行时，太子丹和其他燕国官员都穿着白色孝服，像送丧似的把荆轲送到易水河边。荆轲悲壮地唱着：“风萧萧兮易水寒，壮士一去兮不复还！”意思是说他这一去就不会活着回返了。果然，荆轲后来行刺未成，反被秦王杀死。

我明白了

后来用以形容事物已成过去，不能重现。

一日千里

yī rì qiān lǐ

东汉的王允年轻时志向远大。他为了实现自己的抱负，刻苦学文练武，几年后进步很快。同乡郭林宗见王允今非昔比，感到很惊奇，称赞说：王允进步是如此之快，简直像一匹好马“一日千里”（一天跑千里路），将来必定是辅佐帝王成大事业的人。王允后来任汉献帝手下的司徒（官名），因不满于董卓篡权，暗中联合吕布杀了董卓。但是，不久他被董卓的部下杀害了。

现在常常形容进步快，发展迅速。

一网打尽

yī wǎng dǎ jìn

北宋的苏舜钦为人正直，受到范仲淹政治革新集团的器重和推荐。他做官后多次上书皇帝，批评因循守旧的宰相吕夷简。有个叫刘元瑜的官员为了讨好吕夷简，就上书诬告苏舜钦，不仅使苏舜钦被免职，连他的亲朋好友也因受到株连而被免职、降职或调往外地，以致朝廷中人才一空。得意扬扬的刘元瑜向吕夷简表功说：“我帮你把他们‘一网打尽’了。”

比喻全部捉住或彻底肃清。

一蟹不如一蟹
yī xiè bù rú yī xiè

宋朝翰林学士陶谷一次奉命出使吴越，吴越的忠懿王设宴招待他。因为陶谷平时最喜好吃蟹，所以忠懿王就在宴席上摆满了从大梭蟹到小泥蟹的十几种螃蟹。陶谷见此情形笑了起来，指着桌上摆的由大到小的一只只蟹说：“真所谓一蟹不如一蟹也！”意思是说：这些螃蟹一只比一只小。

比喻一个不如一个，越来越差。

一叶障目
yī yè zhàng mù

古代有则笑话，讲一个书呆子看见书上讲到蝉藏身的树叶可以隐身，便去找来树叶，可他不知道哪片叶子是蝉藏身的，就一片一片地试验，问妻子：“看得见我吗？”妻子说：“看得见。”后来妻子不耐烦了，说：“看不见！”这下他高兴了，马上用这树叶遮住眼睛，到市上去偷东西，结果被人当场捉住。审问时，他说：“我用这片树叶遮住眼睛，就任何人也看不见我了！”

后来用以比喻被眼前的细小事物所蒙蔽，看不清事物的本质和主流。

一衣带水
yī yī dài shuǐ

隋朝初年，南朝的最后一个王朝陈还统治着长江中下游以南地区。它的末代君王陈后主贪图享受，不理朝政。百姓饥寒交迫，怨声载道。隋文帝杨坚决定要结束南北分裂的局面。他对手下的一个大臣说："我作为百姓的父母，难道可以被'一衣带水'（只有像一条衣带一样宽的江水）所阻挡而不去拯救那里的百姓吗？"于是下令大造战船，南渡长江，终于消灭了陈朝。

我明白了

原来指江河之窄，不足为阻。现在常常比喻仅隔一水，极其邻近。

一字千金
yī zì qiān jīn

战国末年，卫国人吕不韦被封为秦国的文信侯，官居相国。他养了三千门客，里面有不少能文之士。他叫这些人编纂（zuǎn）了一本叫《吕氏春秋》的书。书完成之后，吕不韦非常得意，下令把它公布在咸阳城门前，宣布"有能增损一字者予千金"（有谁能增加或减少书中的一个字，就赏给千金）。

我明白了

形容文辞精妙，不可更改。

yī yàng huà hú lú
依样画葫芦

宋朝初期的学士陶谷，文章写得很漂亮，但没有受到重用。他找到宋太祖赵匡胤，要他重视文字工作。不料宋太祖却说："听说你们的工作是用前人的旧本，改换一下词句，像依照样子画葫芦一样，不需花多大力气。"陶谷听后，一肚子的不舒服，就在墙上题了首诗，末两句是："堪笑翰林陶学士，年年依样画葫芦。"

我明白了

比喻机械地模仿，没有创新。

yì bù yì qū
亦步亦趋

春秋时，鲁国的颜回是孔子最得意的门生，一举一动都模仿孔子。在随孔子周游列国时，孔子走得慢，颜回也走得慢；孔子走得快，他也走得快；孔子奔跑，他也奔跑；孔子跑得一溜烟，颜回只能干瞪着眼睛落在后面。孔子问颜回，这是为什么？颜回回答说：他为了向老师学习，才"夫子步亦步，夫子趋亦趋"。步：慢走。趋：快走。

我明白了

形容模仿、追随他人。

颐指气使

yí zhǐ qì shǐ

唐朝末年，各地军阀割据一方，拥兵自立。有个叫李振的投靠了割据汴州一带的军阀朱温，受到重用，成为朱温的心腹。李振得势后，就“颐指气使”，把看不惯的官员都免职。他还帮着朱温设计杀害了几十名朝廷大臣，并把这些人的尸体都抛到黄河里。朱温建立后梁政权后，李振当上户部尚书。不久，后梁被后唐消灭，李振也成为俘虏，全家被杀。颐指：动下巴示意，指挥别人。气使：用神情气色支使人。

形容态度傲慢地指挥别人。

以逸待劳

yǐ yì dài láo

东汉政权建立初期，汉光武帝刘秀派兵攻打割据陇西的豪强隗嚣，被隗嚣击败。刘秀于是改派大将军冯异进兵栒（xún）邑（地名），但隗嚣也同时命令部队去夺取栒邑。这时冯异的部将们认为敌人锐气正旺，应避免与之正面交锋，建议停止前进。冯异却认为：只有抢先进占栒邑城，然后“以逸待劳”（用自己经过休整后的部队等待迎战行军疲乏的敌人），才能取胜。于是命令部队快速前进，秘密包围栒邑，终于一举打垮了前来的隗嚣军队。

指自己养精蓄锐，等待时机打击疲乏的敌人。

义无反顾
yì wú fǎn gù

汉武帝派唐蒙出使夜郎（地名），修治“西南夷道”。由于唐蒙过多征用当地民工，又杀了部落酋长，引起巴蜀各部落的不满和惊恐，致使当地发生骚乱。汉武帝听到这消息后，马上派司马相如前去责备唐蒙，安抚百姓。司马相如写了篇题为《谕巴蜀檄》的文告，其中说到：征调民工修路是对的，大家不应逃走、反抗甚至自相残杀，而应像士兵打仗时迎着飞来的刀箭前进一样，“义不反顾”（不能徘徊、回头看）。“义不反顾”现在用作“义无反顾”。

我明白了

意为凡是做正确的事就应奋勇向前，不容徘徊后退。

因地制宜
yīn dì zhì yí

春秋时，楚平王杀了伍子胥的父亲和兄长，伍子胥只身逃到吴国，受到吴王阖闾的器重。阖闾为了争当诸侯霸主，询问伍子胥富国强兵之道。伍子胥说：首先，要修筑城墙，加强防御能力；其次，要加强战备，多造武器；第三，要发展农业，使粮食满仓。吴王听后很高兴，补充说：“修筑城墙、广积粮草，都要‘因地制宜’（根据不同的环境制定适当的措施）地去搞。”

我明白了

指根据当地具体情况，制定适当措施。

因势利导
yīn shì lì dǎo

战国时，齐国为救韩国，派田忌、孙膑领兵直接向魏国都城进军。魏将庞涓得知后，立刻撤回进攻韩国的魏军，前来追击齐军。孙膑根据魏军一贯轻视齐军的特点，对田忌说："善于打仗的人要'因其势而利导之'（顺着事物的发展趋势，加以引导），我们假装败退，引诱他们中计。"于是命令部队每天减少烧饭的炉灶。庞涓见炉灶越来越少，以为齐军士兵正大量逃跑，于是只带领部分轻装部队急急追赶，结果在地形险恶的马陵地段遭到齐军伏击而大败，庞涓也被迫自杀。

指顺着事物发展的趋势加以引导。

迎刃而解
yíng rèn ér jiě

西晋大将军杜预奉命率军进攻吴国，短短十天内就攻占了许多城池。正当杜预想乘胜彻底攻克吴国时，有人反对说：吴国是强敌，不可能一下就打败。现在又是雨季，可能会有疾病流行，应等到明年再去攻打。但杜预坚持认为：现在我们士气旺盛，攻打吴国就好像用刀破竹子，破了头几节，下面的便都会"迎刃而解"（顺着刀口自动分开）的。于是指挥部队继续进击，终于灭掉吴国。

形容处理事情、解决问题很顺利，毫无阻挡。

yìng shēng chóng
应声虫

宋朝时，淮西人杨勔（miǎn）得了一种怪病：每说一句话，肚子里便会回声似的重复一句。这病害了多年，回声越来越响，使杨勔十分难堪。他多方求医，但效果甚微。后来，有个叫刘伯峙的告诉他："你肚子里有一种'应声虫'。你只要把《本草》上的药名依次念下去，如果念到一个药名，应声虫不敢应了，那么这药便是治它的特效药。"杨勔照刘伯峙的办法念《本草》，当念到"雷丸"时，应声虫不出声了。于是他连服雷丸，治好了这怪病。

我明白了

比喻毫无主见、随声附和的人。

yóu rèn yǒu yú
游刃有余

战国时，有个厨师替梁惠王宰牛，技术非常熟练，不但动作快，而且下刀剥皮剔骨都很有节奏。惠王看了，连声赞好。这个厨师说：我刚开始宰牛的时候，也感到对这个庞然大物毫无办法，但时间一长，就慢慢熟悉了它的全部生理结构。现在我宰牛，几乎连看也不用看，就能顺着牛的关节、经络下刀，"游刃必有余地"（刀刃在骨节空隙中有回旋的余地）……

我明白了

形容技艺纯熟，办事轻松利落。

yǒu míng wú shí
有名无实

春秋时，晋国大夫叔向去见正卿（官名）韩宣子，见他正为自己的贫穷而忧虑，就向他祝贺。韩宣子说：“我‘有卿之名，而无其实’（只有卿的虚名，却没有卿的实际财富），你为什么反而祝贺我？”叔向回答说：“过去栾武子做晋国上卿时，家里田产、财物很少，但他因为实行德政，诸侯都来亲近他，连远方的少数民族也来归顺他。现在你有栾武子那样的贫穷，就能实行德政，所以我祝贺你。”韩宣子听后急忙叩头致谢。

指徒有虚名，并无实际内容。

yú yǒng kě gǔ
余勇可贾

春秋时，晋国应鲁、卫两国的请求，和鲁、卫两军联合迎战来犯的齐国军队。齐军将领高固勇力过人，他见三军逼近阵地，便驾车冲入晋军队伍，用扁担和石子作武器攻打晋军，并且抓住一个俘虏绑在车上，然后跳上车回到自己的营寨。为了显示自己，高固在战车后面系上一棵桑树，在军营中转了一圈，对士兵们说：“欲勇者，贾（卖）余（我）余（剩余）勇。”意为：我的勇力还没用完，可以把它卖给需要的人。“贾余余勇”后演变为“余勇可贾”。

比喻力量还没有用尽。

羽翼已成

yǔ yì yǐ chéng

汉高祖刘邦原来已立吕后所生的孝惠为太子，但后来又想改立戚夫人的儿子。谋臣张良、太傅叔孙通几次劝谏都没用。在一次宴会上，张良请来四位德高望重的老人跟在孝惠身边。刘邦很惊讶地问他们：“我求寻了你们几年，你们都避我，现在怎么主动来辅佐太子了？”老人们答道：“太子为人仁孝，尊重贤士，我们都愿为他而死。”宴会结束，刘邦指着这远去的四位老人，无可奈何地对戚夫人说：“我想更换太子，而他们却来辅佐太子。看来太子的‘羽翼已成’，很难动了。”

我明白了

比喻左右辅佐的人已经齐备，权势已成。

鹬蚌相争，渔翁得利

yù bàng xiāng zhēng, yú wēng dé lì

有这么一个故事：有只河蚌正张开壳在河边晒太阳，飞来一只鹬，冷不防地伸嘴去啄食蚌肉。河蚌马上合上坚硬的壳，钳住了鹬长长的嘴。双方谁也不肯先让步。鹬对河蚌说：“今天不下雨，明天也不下雨，你就会死掉！”河蚌说：“今天不放你，明天不放你，你就会死掉！”就在双方相持不下时，恰巧有个渔翁走来，轻而易举地把鹬和蚌都捉去了。

我明白了

比喻双方相争而让第三者从中得到好处。

yuē fǎ sān zhāng
约法三章

秦朝末年，楚汉相争。刘邦率领的汉军于公元前206年攻占了秦都城咸阳。刘邦为了争取百姓的支持，接受了张良、樊哙等大臣的意见，把秦朝的宫室和贵重财宝全部封存起来，带领军队回到霸上（地名）。同时，他看到由于连年战争，社会秩序比较混乱，就在宣布废除秦朝严刑苛法的基础上，“与父老约，法三章”（和父老百姓们约定了三条共同遵守的法令）：犯杀人罪的判处死刑，犯伤人罪和偷盗罪的按罪判刑。这些受到了老百姓的欢迎。

后来指订立互相遵守的条约。

yuè zǔ dài páo
越俎代庖

上古时，尧帝要把天下让给许由。许由不同意，他说：“鹪鹩（jiāo liáo，一种小鸟）在林中筑巢，不过占用一根树枝；鼹鼠（一种老鼠）在河边饮水，最多喝满一肚子。我要那么大的天下干什么呢？管祭祀工作的人总不会丢开他的俎（祭祀用具）去代替庖（厨师）的工作吧。”当晚，许由就逃到山上去了。

比喻超越职权去处理不属自己工作范围内的事。

运筹帷幄
yùn chóu wéi wò

楚汉相争时，刘邦手下的张良是个足智多谋的人。他精通《太公兵法》，常为刘邦出谋划策，在刘邦争夺天下时起过很大的作用。后来，刘邦做了皇帝，在洛阳大摆酒席宴请各位大臣。酒席上，刘邦分析自己为什么能取胜、而项羽为什么失败时，特别赞扬张良说：“‘运筹策帷帐之中’（在帷幕里安排好计策），就能够决定千里之外战斗的胜利。这一点我比不上张良。”帷幄：古代军中帐幕。

我明白了 原来指在帷幕里谋划军机。后来引申为主持大计，考虑决策。

运用之妙，存乎一心
yùn yòng zhī miào，cún hū yī xīn

宋朝民族英雄岳飞精通兵法，智勇过人，在抵抗金兵入侵中冲锋陷阵，屡建战功。他在名将宗泽部下，参加过保卫汴京的战斗。宗泽很器重他，任命他为偏将。一次，宗泽送给岳飞一张阵战图，对他说：“你的武艺和智谋已超过了古代良将，但老打野仗总不是个万全之计，应该学学阵战。”岳飞回答说：“摆好阵势再出战，这是兵法中最基本的。但‘运用之妙，存乎一心’（运用得是否巧妙，就在于指挥者的用心思索了）。”宗泽听了不禁表示赞同。

我明白了 比喻作战时根据客观情况，善于思考筹划，灵活指挥。

沾沾自喜

zhān zhān zì xǐ

西汉的窦婴是汉景帝母亲窦太后的侄儿，因平息吴、楚等七国之乱有功，被封为魏其侯。窦太后见原来的丞相刘舍被免官，就多次向汉景帝提议让窦婴当丞相。汉景帝则说："不是我不肯，实在是因为他总自以为了不起，'沾沾自喜'，办事草率轻浮，难以担当丞相的重任。"

形容自以为了不起而得意、自满。

招摇过市

zhāo yáo guò shì

周游列国的孔子到达卫国时，正值昏庸的卫灵公当政。卫灵公不理朝政，整日和夫人南子胡作非为，老百姓叫苦连天。孔子去谒（yè）见南子，南子罩着面纱，把衣服上的珮玉弄得叮当乱响，态度十分傲慢，这使孔子和他的弟子们很不高兴。一天，卫灵公和南子带着孔子乘车出游，"招摇市过之"（在街市上炫耀而过）。孔子十分不满，说这是卫灵公他们在炫耀自己的权势。

比喻故意张扬炫耀，引人注意。

朝三暮四
zhāo sān mù sì

传说古代宋国有个养狙（jū，猴子的一种）的人，人们都叫他狙公。由于食物紧张，狙公决定减少狙每天的食物定量。于是，他在给众狙吃橡子时说：“以后‘朝三而暮四’（早上三颗，晚上四颗）。”众狙一听，都发怒了。狙公马上改口说：“那么就朝四暮三吧。”众狙听到早上由三颗变为四颗，就都高兴了，没想到实际定量还是一天七颗。

现在常用来形容反复无常。

枕戈待旦
zhěn gē dài dàn

东晋时的刘琨和祖逖是好朋友。两人年轻时曾吃、住在一起，每天一早起床舞剑，练习武艺。后来祖逖先被朝廷任用，率军抵御外族入侵，立了大功。刘琨知道后，写信给亲友说：“我经常‘枕戈待旦’（头枕武器等待天亮），立志杀敌，唯恐祖逖在这方面比我先占一着，使我落在他后面。”

形容杀敌心切，一刻也不松懈。

郑人买履

zhèng rén mǎi lǚ

古代郑国有个人想买一双鞋。他先在家里拿根绳子量好自己脚的尺寸，然后上集市去选鞋。他想比比大小，发现量好尺寸的绳子忘记带来了，于是又急忙赶回家去取。等他带着绳子跑回来时，集市已散，卖鞋的也回家了。他鞋没买成，心里十分懊恼。别人知道后对他说："既然是你自己买鞋，用脚试试不就行了吗？"他固执地说："我只相信量好的尺寸。"

用以讽刺不顾实际情况，只相信教条的人。

知难而退

zhī nán ér tuì

春秋时的晋国和楚国为争夺霸权，经常借机攻击对方。一次，晋国派元帅荀林父、先縠（hú）、士会等带兵，以救援郑国为名，去和楚国作战。在行军路上，有消息说楚郑两国已经讲和。这时候，荀林父和士会认为：用兵打仗要有机可乘才能取胜，现在郑楚已和，楚国又很强盛，势不可敌。既然知道了此去作战的困难，就应该"知难而退"。但是先縠不肯，一定要带兵去进攻。结果晋军被击败。

指做事要见机而行，不能顶着困难蛮干。

只许州官放火，不许百姓点灯

zhǐ xǔ zhōu guān fàng huǒ, bù xǔ bǎi xìng diǎn dēng

宋朝有个叫田登的州官，很避讳自己的名字。因为“灯”与“登”同音，所以就不让叫点灯，必须叫点火。如果有人不小心触犯了，田登必定大怒。农历正月十五，全州欢度元宵，按惯例要放花灯。官府在贴布告时，因避讳灯字，就在所有布告上写着“本州依例放火三日”。许多外地人见此布告先是吓了一跳，等弄清了缘由后，讽刺说：“真是只许州官放火，不许百姓点灯啊！”

我明白了

比喻反动统治者可以胡作非为，而百姓的正当言行却受到种种限制。

只知其一，不知其二

zhǐ zhī qí yī, bù zhī qí èr

刘邦在消灭项羽，建立西汉政权以后，大摆宴席，犒劳各位部将。席间，刘邦请大家畅所欲言，分析一下汉胜楚败的原因。有位大臣大胆地对刘邦说：“你虽然性情傲慢而且喜欢侮辱别人，但是对攻下城池、打了胜仗的将士们能给予重赏，所以胜利了；而项羽虽然仁慈而且敬重别人，却妒忌有才能的人，对立下战功的人也不知道奖赏，所以他失败了。”刘邦听后说：“你‘知其一，未知其二’。”意思是说分析得还不全面。

我明白了

指只知道事物的一方面，不知道它的另一方面。

zhǐ shàng tán bīng
纸上谈兵

战国时，赵国名将赵奢的儿子赵括，从小就熟读兵书，很能谈用兵之道，连赵奢也难不住他。后来赵王派他代廉颇为将，与秦兵作战。但他没有实际经验，只会纸上谈兵，结果陷入秦军重围，在突围时被乱箭射死。赵国四十万军队也都做了秦军的俘虏，并被活埋。蔺相如评论赵括是个死读兵书而不知变通的人。

后来用于比喻脱离实际的夸夸其谈。

zhǐ zuì jīn mí
纸醉金迷

唐朝有个专治疮痈（chuāng yōng）的医生，叫孟斧。他常到皇宫里去治病，不仅赚了大钱，还熟悉了宫中的情形。后来他到蜀地，就模仿皇宫的装饰，把自己的居室布置得很奇特：房里的器具都包上了金纸，当阳光从窗中射进来时，满屋子金光四射，光彩夺目。一个朋友到他家里去玩，回去后对别人说："你只要在孟斧家里稍微待上一会，就会使你'金迷纸醉'（被金纸所迷醉）。"

后用来比喻使人沉迷的奢侈腐朽生活。

指鹿为马

zhǐ lù wéi mǎ

秦朝时，丞相赵高阴谋作乱。他怕到时候其他大臣不服，就先对群臣做了一次测验：一天，他牵了一头鹿到皇帝秦二世处，说是送一匹马给皇上。秦二世笑着说：“丞相错了，把鹿说成了马。”然后问左右的官员。结果，有的怕赵高，说是马；有的不说话；也有实事求是说是鹿的。后来，凡是说鹿的人都遭到赵高暗算，从此群臣都怕赵高。成语“指鹿为马”由此故事而来。

比喻故意颠倒黑白，混淆是非。

志大才疏

zhì dà cái shū

西晋末期，安东将军周浚的三个儿子周顗（yǐ）、周嵩和周谟（mó）都在朝廷担任官职。当时，异族不断侵扰中原，晋愍（mǐn）帝的政权摇摇欲坠。冬至祭祖时，周母看到在战乱不休的年代里，全家还能安享富贵，心里很高兴。二儿子周嵩却说：“周顗为人‘志大而才短’，我又生性直傲，以后恐怕都难以保全。”果然，到东晋时，周顗和周嵩都因不满王敦起兵篡权，被王敦所杀。“志大而才短”现用作“志大才疏”。

意为志向大而才能小。

志在四方

zhì zài sì fāng

战国时，鲁国的孔穿去赵国游历，跟邹文和季节结成好友。孔穿回国时，邹文、季节送了三天行程。临别时，两人泪流满面，对孔穿依依不舍。但孔穿只对他们作个揖就上路了。孔穿的学生认为他太不近情理。孔穿却回答："我原以为他们是大丈夫，现在才知道他们像女人一样。人活在世上，应有'四方之志'（为实现自己的理想到任何地方），怎么能像动物般地整天聚在一起呢？""志在四方"由"四方之志"引申而来。四方：比喻天下。

比喻有远大的抱负和理想。

置之度外

zhì zhī dù wài

刘秀在建立东汉政权后，仍有不少地方军阀占据着一些城镇，想争夺天下。为此，刘秀花了五年时间，才把函谷关以东的割据势力基本荡平，最后只剩下甘肃的隗嚣和四川的公孙述两股势力。刘秀想，隗嚣已表示愿服从自己，并派儿子隗恂到洛阳来做了官；而公孙述远在西南边疆，攻取也不方便。因此决定暂时都不对他们用兵。他对手下的官员讲："置此两子于度外。"意为把隗嚣和公孙述放在考虑的范围之外。

指不放在考虑的范围内。

zhōng liú dǐ zhù
中流砥柱

春秋时，齐国大臣晏子怕勇士公孙接、田开疆和古冶子犯上作乱，设计由齐景公赐给他们两个桃子，让他们论功吃桃，使三勇士为争功而互相残杀。公孙接为自己评功说曾接连打死过野猪和老虎；田开疆说他两次打败过敌人；古冶子说自己随国君横渡黄河时，一只老龟咬住驾车的马，“入砥柱之中流”（跑到黄河中央水势最急的砥柱山附近去了），他在水中顶着逆流走百余步，又顺水潜行八九里，终于杀死老龟，救了马车，论功应该吃桃……

我明白了

指像砥柱山一样屹立于黄河的急流中，比喻能担当重任、支撑危局的英雄人物。

zhòng nù nán fàn
众怒难犯

春秋时，郑国的子孔通过内乱掌握了朝政大权。他为了稳固政权，订了许多严厉的条令，要各级官员绝对服从。但遭到很多人反对。恼羞成怒的子孔想杀掉这些反对他的官员。这时，大臣子产劝阻说：“‘众怒难犯’，专权独断不能成事。如果定要按你的一套去做，局势绝对稳固不了。”子孔终于听取子产的劝告，当众烧毁了那些条令。大家的愤怒也就平息下来。

指众人的愤怒不可触犯。

众叛亲离
zhòng pàn qīn lí

春秋时，卫国的州吁杀死兄弟卫桓公，篡位成为国君。他对内残酷剥削百姓，杀害无辜，对外无故用兵，实行侵略，很不得民心。无论国内还是国外，大家都很恨他，以致“众叛亲离”（众人反对，亲信背离）。州吁篡位不到一年，因完全孤立，难以维持统治，只得讨教于元老大臣石碏。正直的石碏看到除害机会来了，便设计教他去向周王朝讨封以增加威望。等州吁到陈国时，石碏联合陈国人把他捉住杀了。

形容极其不得人心，完全孤立。

煮豆燃萁
zhǔ dòu rán qí

魏武帝曹操的儿子曹植，从小聪明，很得曹操的宠爱。曹操的另一个儿子曹丕在做了皇帝后，常想找借口除掉曹植。一次，他命令曹植在走七步路的时间内作出一首诗来，不然就要处死。曹植被迫答应。七步路还没走完，曹植的诗已吟出来了：“煮豆燃豆萁，豆在釜中泣。本是同根生，相煎何太急！”曹丕听后，很是惭愧，只得罢休。

比喻骨肉间自相残害。

助桀为虐
zhù jié wéi nüè

秦朝末年，刘邦率领汉军在全歼秦军主力之后，顺利进入秦国都城咸阳。那里的秦王宫殿巍峨豪华，财宝无数，美女如云。刘邦见此情景就想住进去。樊哙劝他不要这样，刘邦不听。这时，张良又来劝刘邦说：秦国是因为残暴无道，所以才灭亡。现在你刚占领秦国，就要享受秦王享受过的快乐，这简直是“助桀为虐”（帮着暴君夏桀行暴虐之事）。刘邦听了张良话后，终于醒悟过来，带着部队撤出了咸阳。现在常作“助纣为虐”。

我明白了

比喻帮助坏人做坏事。

铸成大错
zhù chéng dà cuò

唐朝末年，天雄节度使罗绍威有称为牙军的五千部下。这些人父子相继，亲朋盘结，对内挟制或谋害主帅，对外横行霸道。罗绍威想除他们又没力量，于是求援于朱全忠，借朱全忠的力量消灭了牙军。事后，朱全忠要这要那，罗绍威管辖区内的财物几乎都供应给了朱全忠的军队。罗绍威后悔地说：“就是把六州四十三个县的铁都收集在一起也铸不成这么大的错（错在这里是双关语，既指错刀，即古代一种钱币，也指错误）啊。”“铸成大错”据此而来。

我明白了

比喻造成重大错误。

zhuān xīn zhì zhì
专心致志

古时候有个下棋下得很好的人，名叫秋。他同时教两个学生下棋。其中一个学生“专心致志”地学习，除集中精力听老师讲之外，又肯刻苦钻研；另一个却一边听课，一边想着天上会不会有大雁飞来，怎样用箭去射，等等。结果，两人虽为同师同学，一个棋艺一天比一天好，另一个却毫无所得。

指工作或学习一心一意、集中精力。

zhuō jīn jiàn zhǒu
捉襟见肘

战国时的庄子赞美曾参说：曾参住在卫国时，衣服破烂不堪，面色憔悴浮肿，手脚长满了茧，甚至三天吃不上饭，十年没添过新衣。他的穿戴太破烂了，以至于端正一下帽子，帽上的缨绳就断；“捉襟而肘见”（拉一下衣襟，胳膊肘就露出来）；提一下鞋子，脚后跟又出来了。但曾参毫不在意，照样邋邋遢遢地放声歌唱。庄子非常欣赏曾参这种不当官、不巴结权贵的自由自在的生活态度。“捉襟而肘见”现在写为“捉襟见肘”。

形容衣服破烂。亦比喻顾此失彼，穷于应付。

自相矛盾
zì xiāng máo dùn

古时候，楚国有个卖矛和盾的人，一会儿吹嘘自己的盾说：“我的盾非常坚硬，什么样的东西都刺不进。”一会儿又夸耀自己的矛：“我的矛非常锋利，什么样的东西都刺得进去。”于是，有人问他：“用你的矛来刺你的盾，又会怎样呢？”卖矛和盾的人顿时哑口无言了。成语“自相矛盾”由此故事引申而来。

我明白了

比喻自己的言行前后互相抵触。

纵横捭阖
zòng héng bǎi hé

战国是一个战乱不休的时代，各国间相互攻伐。当时把弱小国家联合起来抵抗秦国叫作合纵，而把依附秦国蚕食其他弱小国家称为连横。被称为纵横家的苏秦、张仪等人就是分别用合纵或连横的策略去各国游说的。张仪主张分化赵、魏等六国，使它们都服从秦国。苏秦则号召六国联合抗秦。他们的游说策略笼统被称为“纵（合纵）横（连横）捭（开，即破合纵之约去服从秦国）阖（合，即合纵抗秦）”。

我明白了

比喻运用各种手段进行联合或分化。

zuò bì shàng guān
作壁上观

秦朝末年，政治混乱。原来的各国诸侯纷纷起兵反秦。秦朝利用各个击破的办法来对付他们。秦将章邯击败楚将项梁后，乘胜围攻赵国的巨鹿城。赵国告急，项羽带领两万楚军前往救援。当时，各国诸侯派去援救的军队共驻扎了十几个壁垒，但都不敢出战。当项羽的楚军渡过漳河，和秦兵激烈交战时，其他各路军队只是“从壁上观”（站在壁垒的高处老远地观看）。“从壁上观”现用作“作壁上观”。

我明白了

后用来比喻在一旁观望，不予帮助。

阅读拓展

成语所承载的人文内涵非常丰富和厚重，大量成语出自传统经典著作，表达着臧否人伦善恶、境界高下的中国价值观。堪称中华文化的“活化石”，是值得大加推广的，中华民族宝贵的文化遗产。

——《中国成语大会》节目组

成语是汉语言的瑰宝，它们大多源自我国古代的寓言、诗文和历史事件，经过岁月的打磨和锤炼，逐渐演变成了汉语言文化中的一种独特的元素。绝大多数成语不仅琅琅上口，而且言简意丰，寥寥数字蕴含着无比丰富和深刻的语言、文化内涵。熟练掌握并且精当地运用成语历来是炎黄子孙尤为注重乃至引以为豪的语言能力之一，特别是在广大学生中间，学习成语，通晓成语，更被视为是学习和了解祖国语言与文化、历史与文明不可或缺的一课。

——《中华成语词典（第3版）》前言

成语作为语言的重要组成部分，比起一般的词语来具有非常明显的长处：言简意赅，结构谨严，凝练含蓄，富于哲理性而又形象鲜明生动，表现力特别强。因此，成语在人们的语言交往活动中广泛地发挥着独特而不可替代的巨大功用。正确运用成语的前提是必须对成语有深入的了解。尤其是有引申义和比喻义的成语在汉语成语中占主要地位，这些成语大多出自古典文献，都有特定的故事与来由，有的还是文言词语，与现代汉语有很大出入。如果不逐条认真学习的话，当然不能正确理解成语的含义，更谈不上恰当运用了。

——李新武《成语故事》，人民文学出版社2018年版